CHEIKH MOHAMMAD IBN ABDELWAHHAB

LES 3 FONDEMENTS

COMMENTAIRE DE
CHEIKH SALIH AL SOUHAYMI

W0110816

Al Bayyinah

Première édition 2012 G. - 1433 H.

جميع الحقوق محفوظة

Tous droits de traduction, d'adaptation et de reproduction
par tous les procédés réservés pour tous pays

© Al Bayyinah
Librairie, édition, distribution, bazar
Ouvert tous les jours de 10H30 à 19H30

33, avenue du Château - 95100 Argenteuil - France
Tél. : 01 39 96 26 79
E-mail : contact@albayyinah.fr
Site web : www.albayyinah.fr

ISBN : 978-2-919455-07-2

Note du traducteur

L'ouvrage les 3 fondements de l'imâm Mouhammed ibn 'Abdil Wahhâb ﵀ est une œuvre courte et concise, cependant essentielle à tout mouslim qu'il soit homme ou femme. Néanmoins, concernant les musulmans francophones quand j'ai entrepris cette modeste traduction il n'existait pas à ma connaissance d'explication simple et accessible à tous. Aussi par la volonté et la bonté d'Allah nous avons entrepris ce petit travail de traduction avec l'espoir que notre Seigneur Allah rendrait ce travail bénéfique au plus grand nombre. Le Shaykh Sâlih Al-Souhaymi qu'Allah le préserve fait partie des éminents savants connus et reconnus de la ville de Médine et cette traduction est tirée de ses cours dispensés à la mosquée sacrée de Médine et nous avons rajoutées quelques notes bénéfiques supplémentaires issues des explications de Shaykh Al-Fawzân, Shaykh ibn-Bâz et Shaykh Sâlih Aal Al-Shaykh. Et nous demandons à Allah le Tout Puissant de rendre cette modeste traduction bénéfique au plus grand nombre.

Votre frère très nécessiteux envers
la guidance et le pardon de son Seigneur

Sulaymân Abu-Maryam Al-Antîly

بِسْمِ ٱللَّهِ ٱلرَّحْمَٰنِ ٱلرَّحِيمِ

Bismillâhi r-rahmâni r-rahîm

L'auteur de cet ouvrage : « ***Al Usool ath-thalâthah*** » (les trois fondements) est le Shaykh Muhammad Ibn 'Abdel Wahhâb رحمه الله ce grand savant né en 1115 de l'hégire (18ème siècle). Il est considéré comme étant le revivificateur du Tawhîd et du prêche à la voie des pieux prédécesseurs *(ad-da'wah as-salafiyyah)* dans la péninsule arabique ; ce grand savant a lutté avec sa langue, sa plume et son épée pour revivifier et réinstaurer le Tawhîd et l'authentique compréhension de l'Islâm : le Qur'ân et la Sounnah prophétique d'après la compréhension des pieux prédécesseurs de cette communauté.

Ainsi, ce livre a une valeur considérable malgré le fait qu'il soit très concis, il est rempli de points bénéfiques, de notions dont ne peuvent se passer de connaître tout *muslim* et toute *muslima,* étant donné que ce livre est focalisé sur les trois notions essentielles sur lesquelles sera interrogé le serviteur dans sa tombe lors de sa « petite résurrection », c'est-à-dire après sa mort, juste après qu'il ait été enterré :

Qui est Ton seigneur ? Qui est ton prophète ?
Et quelle est ta religion ?

Ces trois questions sont la base de toute chose, et si le serviteur répond correctement à ces trois questions, il sera sauvé, il aura réussi, tandis que s'il échoue à cet interrogatoire, il sera voué à la perdition, et qu'Allah nous en préserve ! Voici donc les trois fondements (***al usûl ath-thalâtha*** الأصول الثلاثة) :

Le shaykh débute son livre ainsi :

Au nom d'Allah, Le Tout Miséricordieux, Le Très Miséricordieux

Sache ! Qu'Allah te fasse miséricorde qu'il nous est obligatoire de connaître quatre points essentiels :

1. ***la connaissance qui est (al 'ilm) : connaître Allah, Son Prophète, ainsi que la religion islamique, en se basant sur des preuves ;***
2. ***la mise en pratique de cette connaissance ;***
3. ***appeler les gens à cette connaissance ;***
4. ***patienter face aux torts qui peuvent être rencontrés ;***

La preuve dans cela est la parole d'Allah :

﴿ وَٱلْعَصْرِ ۝١ إِنَّ ٱلْإِنسَـٰنَ لَفِى خُسْرٍ ۝٢ إِلَّا ٱلَّذِينَ ءَامَنُوا۟ وَعَمِلُوا۟ ٱلصَّـٰلِحَـٰتِ وَتَوَاصَوْا۟ بِٱلْحَقِّ وَتَوَاصَوْا۟ بِٱلصَّبْرِ ۝٣ ﴾

« Par le temps, assurément, l'homme est en perdition, sauf ceux qui ont cru, et accompli de bonnes œuvres, se recommandant mutuellement la vérité et se recommandant mutuellement la patience ». *[Al 'asr ; 103]*

L'imâm Ach-châfi'y ﵀ a dit : « **Si Allah n'avait révélé que cette sourate comme preuve pour les créatures elle leur aurait été suffisante.** »

Et l'imâm Al-Bukhâry ﵀ a dit : « **Chapitre : La science passe avant la parole et l'action.** »

La preuve étant la parole d'Allah ﷻ :

﴿ فَٱعْلَمْ أَنَّهُۥ لَآ إِلَٰهَ إِلَّا ٱللَّهُ وَٱسْتَغْفِرْ لِذَنۢبِكَ وَلِلْمُؤْمِنِينَ وَٱلْمُؤْمِنَٰتِ ﴾

« Et sache qu'il n'y a pas de vraie divinité à part Allah, et implore le pardon pour ton péché... ». *[Muhammad ; 19]*

Il a donc fait précéder la connaissance avant la parole et l'action.

COMMENTAIRES

Ceci est l'introduction du Shaykh avant qu'il ne détaille les trois fondements capitaux, et c'est la fondation sur laquelle va reposer la compréhension de ces trois fondements. Tant que ces quatre points essentiels ne seront pas ancrés dans l'esprit du musulman, tant qu'ils ne seront pas une connaissance fermement établie dans son cœur, alors il ne sera pas en mesure de distinguer entre les fondements et le reste, il ne sera pas en mesure de faire la différence entre le vrai et le faux, entre ce qui cause un tort et ce qui apporte un profit, entre le bien et le mal, il ne sera pas en mesure de faire la différence entre la voie droite et la voie qui mène à l'égarement.

C'est pour cela que l'auteur a tout d'abord commencé par clarifier ces quatre points essentiels.

Concernant la parole : « *Sache qu'Allah te fasse miséricorde* » c'est une invocation qui signifie : qu'Allah te pardonne ton passé et qu'il te préserve dans le futur (*voir l'explication de Shaykh Al Fawzân des trois fondements*).

Ici, l'auteur nous informe et attire notre attention sur l'importance capitale d'apprendre ces quatre points, et qu'il n'est pas possible à un *muslim* et à une *muslima* d'avoir une croyance correcte et saine s'il n'a pas prêté toute son attention et compris ces quatre points essentiels. Il est nécessaire également qu'il les prenne comme fondation (base de départ) pour toute chose.

Le premier de ces points, c'est la science (le savoir religieux) ensuite vient la mise en pratique de cette science ; c'est donc le deuxième point. Quant au troisième : c'est l'appel à cette science, et enfin le quatrième : c'est la patience vis-à-vis des nuisances, des torts, des préjudices que tout cela peut entraîner.

Ainsi le premier point, c'est la science qui est une lumière éclairant le *muslim* sur son chemin et le prophète nous a informé que : ***« la science est une lumière »*** (*al 'ilm nur*), et que son contraire, l'ignorance, s'apparente aux ténèbres.

La science, c'est le fait de concevoir une chose telle qu'elle est en réalité, sans rien lui en enlever ni rien lui en rajouter.

Ce qui est visé par le terme science, c'est la science légiférée (le savoir religieux), qu'on retrouve dans le Coran et la Sounnah d'après la compréhension des pieux prédécesseurs de cette communauté. Et Il nous est demandé de retourner au Coran et à la Sounnah d'après la compréhension des pieux prédécesseurs lorsqu'on diverge sur un point, et cela sans exagération, ni laxisme.

Quant à l'ignorance, c'est la cause qui a conduit les gens à s'égarer, c'est la cause qui a entraîné la déviance de celui qui a dévié, la cause de l'apparition des groupes égarés et des innovateurs, l'ignorance est la cause de tout cela, de même que le fait d'être éloigné de la science.

La cause de l'égarement de celui qui s'est égaré et s'est éloigné de la vérité, la cause de son cheminement sur un sentier autre que celui des croyants, la cause de tout cela c'est son ignorance des fondements de la législation islamique.

Tandis que la voie des bienfaits, du secours et du bonheur ne se réalise et n'est accessible que par le chemin de la science ; cette voie n'est accessible seulement et uniquement par le chemin de la science ! Et celui qui prend un chemin autre que celui-ci finira par trébucher puis par sombrer dans la perdition.

L’auteur, Mouhammad Ibn ‘Abdel Wahhâb a cité la science (le savoir) comme premier point, tout comme Allah a débuté par la science. Allah , dans sa révélation du Coran, a commencé par la science. Les tout premiers versets qui ont été révélés à notre prophète et Imâm, notre guide bien-aimé Muhammad sont une exhortation à acquérir le savoir !

Quand l’ange Jibrîl s’est présenté au messager d’Allah et qu’il lui a dit : **« *lis !* ».**

Le prophète lui a répondu : ***« je ne sais pas lire »,*** alors l’ange l’a saisi à l’en faire s’évanouir puis il l’a relâché et lui a répété : **« lis ! اقْرَأْ »,** le prophète lui a répondu une seconde fois : « je ne sais pas lire », et ceci s’est produit une troisième fois... Puis Jibrîl a récité :

﴿ ٱقۡرَأۡ بِٱسۡمِ رَبِّكَ ٱلَّذِي خَلَقَ ١ خَلَقَ ٱلۡإِنسَٰنَ مِنۡ عَلَقٍ ٢
ٱقۡرَأۡ وَرَبُّكَ ٱلۡأَكۡرَمُ ٣ ٱلَّذِي عَلَّمَ بِٱلۡقَلَمِ ٤ عَلَّمَ ٱلۡإِنسَٰنَ مَا لَمۡ يَعۡلَمۡ ٥ ﴾

« 1. Lis, au nom de ton Seigneur qui a créé 2. Qui a créé l’homme d’une adhérence. 3. Lis ! Ton Seigneur est le Très Noble 4. Qui a enseigné par la plume [le calame] 5. Il a enseigné à l’homme ce qu’il ne savait pas. » *[Al ‘alaq ; 1-5]*

Soyez donc très attentifs sur ce point ! Chers frères musulmans, et chères sœurs musulmanes, qu’Allah vous accorde la réussite.

Observez comment Allah a débuté par la science et en a fait un pilier, un point d’appui fondamental à partir duquel toute chose prend son essor et sur lequel toute chose est construite, et à la lumière de cette science toute corruption, toute immoralité sont réformées.

En effet, chers frères et sœurs, la science bénéfique permet d’unifier la parole des musulmans : la savoir religieux authentique puisé dans le Coran et la Sounnah protège les gens du ***shirk*** (l’association, le polythéisme) ; par la science authentique, les gens sont guidés vers le Tawhid ; la science permet de faire converger les cœurs et de les réunir. Par la science authentique, les angoisses, les amertumes prennent fin, les rangs sont unifiés, les effets du sectarisme s'estompent, et les gens sont éloignés de leurs mauvais penchants, leurs caprices.

Le savoir religieux authentique écarte et préserve les gens de tout ce qui contredit la législation d'Allah. Par la science authentique tu chemineras sur une voie éclairée, un chemin aplani, et tu adoreras Allah avec clairvoyance et tu parviendras à atteindre le bien.

Et tout ce que nous venons de citer, il n'est pas possible de le réaliser par un moyen autre que la science, et les gens n'ont divergé et ne se sont éloignés de la voie prophétique qu'à cause de l'ignorance profonde dans laquelle étaient plongés leurs raisonnements et leurs compréhensions.

Certes, la science bénéfique, la science puisée dans le Coran et la Sounnah est une provision pour le musulman ici-bas et même après sa mort.

Ainsi, Allah ﷻ, nous a vivement incités à la science : Il nous a ordonné la science, Il nous a exhortés à l'acquisition du savoir religieux, et à ce que les verdicts, les décisions, les sentences y soient basés. De même, Allah ﷻ a attesté de la prééminence, de la supériorité des gens de science, et Il les a placés au même niveau que les anges, quand Il nous dit dans Son noble Livre :

﴿ شَهِدَ ٱللَّهُ أَنَّهُۥ لَآ إِلَٰهَ إِلَّا هُوَ وَٱلْمَلَٰٓئِكَةُ وَأُو۟لُوا۟ ٱلْعِلْمِ قَآئِمًۢا بِٱلْقِسْطِ ۚ
لَآ إِلَٰهَ إِلَّا هُوَ ٱلْعَزِيزُ ٱلْحَكِيمُ ﴾

« Allah témoigne, de même que les anges et les gens de science, qu'il n'existe nulle divinité digne d'adoration en dehors de Lui, nulle divinité en dehors de Lui, Le Mainteneur de la justice, L'Immense, Le Sage. » *[Âl 'Imrân ; 18]*

Dans ce verset, Allah nous ordonne et nous incite à acquérir le savoir religieux, réunissant conjointement l'attestation des gens de science à la sienne et à celle des anges ! **Existe-t-il un bienfait plus grand que celui-ci ?**

Ainsi, la science, la connaissance, permet à celui qui la détient d'obtenir ce haut rang auprès d'Allah, et notre Seigneur ﷻ nous a informés que les étudiants en science religieuse de même que les savants qui mettent en pratique leur savoir sont les gens qui craignent le plus Allah.

Allah nous dit dans le ***Qur'ân*** :

﴿ إِنَّمَا يَخْشَى ٱللَّهَ مِنْ عِبَادِهِ ٱلْعُلَمَٰٓؤُا۟ ﴾

« Seuls les savants (parmi ses serviteurs) craignent Allah »
[Fâtir ; 28]

(Shaykh ibn bâz رحمه الله commentant ce verset, a dit qu'il s'agit ici d'une valorisation des gens de science, il s'agit d'une restriction de la crainte parfaite à eux seuls, sinon tout muslim craint Allah, mais pas d'une crainte parfaite).

De même, Allah a mis en évidence qu'il est impossible, quelle que soit la situation, de mettre au même pied d'égalité l'ignorant et le savant, ou ne serait-ce de les rapprocher, c'est ainsi qu'Allah nous dit :

﴿ قُلْ هَلْ يَسْتَوِى ٱلَّذِينَ يَعْلَمُونَ وَٱلَّذِينَ لَا يَعْلَمُونَ ﴾

« Sont-ils égaux ceux qui savent et ceux qui ne savent pas ? »
[Az-zumar ; 9]

Allah nous dit également :

﴿ يَرْفَعِ ٱللَّهُ ٱلَّذِينَ ءَامَنُوا۟ مِنكُمْ وَٱلَّذِينَ أُوتُوا۟ ٱلْعِلْمَ دَرَجَٰتٍ ﴾

« Allah élèvera en degrés ceux qui auront cru parmi vous ainsi que ceux qui auront reçu la science » *[Al mujâdala ; 11]*

Les versets qui traitent de cela sont très nombreux, nous pouvons citer également qu'Allah ﷻ a chargé les croyants de se diviser en deux groupes : un groupe qui s'irait quérir la science et un autre qui resterait sur place, chez eux et qui prendrait soin des familles et des biens de ceux partis rechercher la science, et ce, jusqu'à leur retour.

Allah nous dit dans le ***Qur'ân*** :

﴿ فَلَوْلَا نَفَرَ مِن كُلِّ فِرْقَةٍ مِّنْهُمْ طَآئِفَةٌ لِّيَتَفَقَّهُوا۟ فِى ٱلدِّينِ وَلِيُنذِرُوا۟ قَوْمَهُمْ إِذَا رَجَعُوٓا۟ إِلَيْهِمْ لَعَلَّهُمْ يَحْذَرُونَ ﴾

« Pourquoi de chaque clan quelques hommes ne viendraient-il pas s'instruire dans la religion, pour pouvoir à leur retour, avertir leur peuple afin qu'ils soient sur leur garde » *[At-tawba ; 122].*

Voici donc quelques versets qui viennent mettre en évidence la grande faveur de la science et l'auteur l'imâm Muhammad Ibn 'Abdel Wahhâb a cité une parole de l'Imâm Al Bukhâry qui a dit (باب العلم قبل القول والعمل) ***« chapitre : la science passe avant la parole et l'action »***, c'est-à-dire que l'Imâm Al-Bukhâry, dans son recueil de hadiths authentiques, a intitulé un chapitre (*al 'ilm qabl al qawli wal 'amal*) : « la science passe avant la parole et l'action », et l'immense savoir de l'Imâm Al Bukhâry se retrouve dans l'ordonnément de ses chapitres et dans les titres de ceux-ci.

Donc, l'imâm Al Bukhâry a dit : « (*bâb al 'ilm qabl al qawl wal 'amal*) ***(chapitre : la science passe avant la parole et l'action)*** », et il a préfacé ce chapitre par la parole d'Allah ﷻ :

﴿ فَٱعْلَمْ أَنَّهُۥ لَآ إِلَٰهَ إِلَّا ٱللَّهُ وَٱسْتَغْفِرْ لِذَنۢبِكَ وَلِلْمُؤْمِنِينَ وَٱلْمُؤْمِنَٰتِ ﴾

« Sache donc qu'il n'existe nulle divinité digne d'adoration si ce n'est Allah et demande pardon pour ton péché ainsi que pour les croyants et les croyantes ». *[Muhammad ; 19]*

Ce qui nous intéresse ici, c'est le début du verset : *« Fa'lam annahu lâ ilâha illâ Allah » :* ***(Sache donc qu'il n'existe nulle divinité digne d'adoration si ce n'est Allah !)***

Ainsi, la science, le savoir religieux c'est ce qui nous permet de parvenir à la connaissance des fondements et des obligations, et dans la Sounnah authentique, les hadiths qui mentionnent cela sont très nombreux, parmi eux, le hadith de Mu'awiya Ibn Abî Sufyâne ﵁, Mu'âwiyah, l'un de ceux qui recueillaient par écrit la révélation lorsqu'elle descendait sur le prophète ﷺ et qui fut par la suite l'un des commandeurs des croyants, et il nous rapporte que le Prophète ﷺ a dit :

مَنْ يُرِدِ اللهُ بِهِ خَيراً يُفَقِّهْهُ فِي الدِّينِ

« Celui à qui Allah veut du bien, il lui accorde la compréhension de la religion »

Le prophète ﷺ a dit également :

مَنْ سَلَكَ طَرِيقاً يَلْتَمِسُ فِيهِ عِلْماً سَهَّلَ اللهُ لَهُ بِهِ طَرِيقاً إِلَى الجَنَّةِ

« Quiconque emprunte un chemin menant à une science Allah lui facilite l'accès à une voie menant au paradis ».

Et ce passage fait partie d'un long hadith qui est rempli de bonnes nouvelles pour les croyants.

Sachez donc, frères et sœurs en Allah, que la science est la voie de la connaissance et la voie de la réalisation du Tawhîd, le seul et unique moyen qui nous permet d'effectuer nos adorations de la manière qu'Allah ﷻ agrée.

Quant à ceux qui ne se préoccupent pas de la science légiféré (qui est la compréhension du Livre d'Allah et la Sounnah de son prophète ﷺ) alors ils basculent dans l'ignorance, l'obscurantisme et les égarements, faisant de faux pas et sombrant dans les calamités. Ces gens viennent morceler l'union de la *« ummah »*, l'union de la communauté, ils interprètent la religion selon leurs désirs et leurs passions. Et au contraire, ceux qui sont instruits dans la religion d'Allah adorent Allah avec clairvoyance : ils effectuent leurs actes d'adoration avec clairvoyance, ils obéissent à ses ordres et s'écartent de ses interdits, ils connaissent ce qui les rapproche d'Allah et ils le mettent en pratique, et ils connaissent ce qui les éloigne d'Allah, aussi, ils s'en écartent. C'est dans ce noble but que l'on retrouve cette exhortation à la science dans les versets et les hadiths que nous venons de voir.

Sachez enfin, frères et sœurs en Allah, que ce que vivent les musulmans de nos jours comme éloignement vis-à-vis d'Allah est dû à ceux parmi eux qui ont dévié dans leurs comportements, aux laïques, et aux athées. Et tous ceux-ci qui ont été leurrés par la vie d'ici-bas, leur aveuglement a mis un voile opaque entre eux et Allah. Et cet éloignement de la vérité est dû également aux innovateurs, aux forgeurs de contes et de légendes qui divaguent et pour qui les choses ne sont pas claires alors qu'ils s'imaginent faire le bien.

L'issue, le seul et unique recours à ce dans quoi ils sont tombés, c'est l'acquisition de la science ! L'acquisition de ce savoir religieux qui fortifie le musulman et l'écarte des abîmes et des précipices. Ce savoir religieux qui l'éclaire dans la religion d'Allah et lui permet d'adorer Allah ﷻ avec clairvoyance. Préservé des usurpations des prêcheurs vers le faux, préservé des mensonges des semeurs de racontars, préservé des déformations des fanatiques et de la voie des innovateurs.

بِسْمِ ٱللَّهِ ٱلرَّحْمَٰنِ ٱلرَّحِيمِ

Bismillâhi r-rahmâni r-rahîm

Nous avions donc énoncé les quatre points essentiels sans lesquels il n'est pas possible à un *muslim* ou une *muslima* que sa croyance soit fondée correctement, et nous avons détaillé le premier de ces quatre points essentiels à savoir la science, nous avons vu la grande importance de la science et qu'elle est la fondation de la religion. Ainsi, Allah ﷻ a débuté la révélation par l'incitation à la recherche de la science, et Allah ﷻ a fait les éloges des gens de science de même que le prophète ﷺ.

Le deuxième point essentiel : c'est la mise en pratique de cette science (*al 'amal bihi*).

Les fruits de la *science*, c'est la mise en pratique de cette *science*, et le cheminement sur la voie de la *science*, répondre à l'appel de la *science* issue du Qur'ân et de la Sounnah du prophète ﷺ, c'est le fait de mettre en application par nos actes ce que nous avons appris et étudié, car c'est la voie du secours. De plus, une science qui n'est pas suivie par les actes *c'est tel* un arbre qui ne donne pas de fruits, c'est pour cela que nous disons que l'acte est le fruit de la science et son bénéfice.

Et celui qui sait, mais qui ne met pas son savoir en application après que lui soit parvenue la preuve, alors son délit et son péché sont beaucoup plus *grands* que celui qui va négliger une obligation par ignorance.

Allah ﷻ nous dit dans le ***Qur'ân :***

﴿ يَٰٓأَيُّهَا ٱلَّذِينَ ءَامَنُواْ لِمَ تَقُولُونَ مَا لَا تَفۡعَلُونَ ٢

كَبُرَ مَقۡتًا عِندَ ٱللَّهِ أَن تَقُولُواْ مَا لَا تَفۡعَلُونَ ٣ ﴾

« Ô vous qui avez cru ! Pourquoi dîtes-vous ce que vous ne faites pas ? C'est une grande abomination auprès d'Allah que de dire ce que vous ne faites pas ». *[As-Saff ; 1-3]*

Ainsi, les actes, chers frères et sœurs, sont les fruits de la science, sa finalité. Et celui qui détient une science sans la mettre en pratique, alors cette *science* est nocive pour lui, après qu'ait été établie la preuve, que la voie soit apparue, que le chemin ait été clarifié ! Pour quiconque a un cœur ou prête l'oreille en étant témoin.

Sachez que la science n'a pas d'autre finalité que la mise en pratique, la science n'existe seulement pour qu'on la mette en pratique. Il nous a été ordonné d'apprendre afin que l'on sache ! Il nous a été *ordonné* d'étudier notre religion afin de la comprendre, et il nous a été prescrit la persévérance afin que l'on s'efforce dans la religion d'Allah, que nous fassions des efforts et que nous nous rapprochions d'Allah, que nous l'adorions de la manière qu'Il agrée, car comme nous l'avons vu, les actes sont les fruits de la science. Ainsi, celui qui va s'efforcer dans ses actes d'adoration, qui va faire des efforts dans sa pratique tout en étant en conformité avec les enseignements du Livre d'Allah (Al-Qur'ân) et de la Sounnah du prophète ﷺ sans exagération, ni manquement, alors Allah ﷻ l'entourera de *ses soins*, de son attention, et Il lui accordera ses largesses.

Et les actes qui nous ont été ordonnés de mettre en pratique sont ceux qui sont en conformité avec le Qur'ân et la Sounnah, et il nous a été ordonné de nous cramponner à cela et d'y mordre à pleine molaire et c'est cela qui entraîne le fait qu'Allah nous entoure de toute son attention et nous accorde Ses faveurs, et Allah nous l'a promis, et Il est Celui qui ne manque jamais à Ses promesses, **Allah est Celui qui ne manque jamais à ses promesses !**

Ainsi, les actes qui entraîneront le fait qu'Allah nous entoure de toute son attention, qu'Il nous accorde ses faveurs, sont les actes, la pratique d'après la voie authentique, la voie de la rectitude (*al manhaj as-sahîh*), celui qui ne comporte aucune tortuosité, ni *dépression*, ni déviation, que ce soit *sur la gauche ou sur la droite, s*ans sectarisme pour qui que ce soit sauf pour Allah, gloire et pureté à Lui ﷻ, *ou quiconque qu'Allah aura pris pour allié.*

De ce fait, la pratique est nécessaire, il est obligatoire d'œuvrer, chers frères et sœurs, car les actes sont les fruits de la science, son application, sa réalisation.

Quant à celui qui abandonne la pratique ou fait preuve d'une grande négligence, ceci nous indique que son cœur est *sec*, dur, éloigné d'Allah. Et Allah l'a délaissé, tout comme Il nous dit dans Son noble Livre :

﴿ نَسُواْ ٱللَّهَ فَنَسِيَهُمْ ﴾

« ***Ils ont oublié Allah, alors Allah les a oubliés*** »
[At-Tawbah ; 67].

Les actes sont les fruits de la science, cependant, ils se doivent de remplir deux conditions ; leur validité est liée à la réalisation de deux conditions :

1/ la sincérité exclusive pour Allah dans l'adoration ;
2/ le suivi *méticuleux* de la voie prophétique.

Autrement dit, un acte d'adoration n'est accepté seulement s'il est effectué pour Allah seul, en toute exclusivité pour Allah, et seulement si cet acte est issu des enseignements du prophète ﷺ.

Donc, celui qui met en pratique sa science, ce qu'il a appris, en remplissant ces deux conditions, Allah l'entoure de toute Son attention, Il lui fait don de Ses largesses ; Allah lui accorde sa subsistance de là où il ne s'y attend pas, Allah prend soin de ce serviteur, et quiconque sera l'ennemi de ce serviteur Allah le prendra pour ennemi et quiconque lui déclarera la guerre alors Allah lui déclarera la guerre, et notre prophète ﷺ nous rapporte que Son Seigneur a dit : « ***Quiconque est l'ennemi d'un de mes alliés, Je lui déclare la guerre. Mon serviteur ne peut se rapprocher de Moi par une chose plus aimable pour Moi que ce que Je lui ai imposé, et Mon serviteur ne cesse de se rapprocher de Moi par les œuvres surérogatoires jusqu'à ce que Je l'aime. Et quand je l'aime, je deviens son ouïe par laquelle il entend, sa vue par laquelle il voit, sa main par laquelle il attrape, son pied par lequel il marche. S'il Me demande quelque chose, Je lui donne et s'il cherche refuge auprès de Moi, Je le lui accorde*** ».

Ceci est une promesse de la part d'Allah pour quiconque met en pratique sa science concrètement, quiconque met en application son savoir religieux, celui qui ne va pas utiliser sa science pour égarer les gens ou les tromper, ou les faire tomber dans le sectarisme, dans l'ignorance, celui qui ne va pas utiliser son savoir par vanité ou pour *faire le pieux*, ou pour mépriser ses frères et sœurs en Islâm ou pour détourner les paroles de leurs sens comme le font les gens des passions, ceux qui suivent leurs caprices, leurs mauvais penchants. Cette promesse d'Allah s'adresse à celui ou à celle qui va uniquement mettre en pratique son savoir religieux dans ce qui va le rapprocher d'Allah ﷻ : la réalisation du Tawhîd, la prière, le jeûne, la *zakât*, le pèlerinage, le bon comportement, les bonnes manières, la politesse, etc. Il utilise cette science telle une arme qui le renforce dans sa foi, prenant ses enseignements du Qur'ân et de la Sounnah du prophète Mouhammad ﷺ ne prenant pas cette science pour porter atteinte à autrui, se moquer, ou rabaisser les autres, il n'utilise sa science (*uniquement)* que pour *effectuer* des actes pieux qui vont le rapprocher d'Allah, et ces actes doivent remplir les deux conditions que nous avons vu précédemment, à savoir « *al ikhlaṣ wal moutâba'a* », que *cet acte soit effectué* pour Allah seul et d'après les enseignements prophétiques.

Le troisième point essentiel : appeler à cette science.

L'appel à la science se fait quand les qualités requises sont présentes, *soit au contact des gens de science durant une longue période* (et shaykh Ibn Bâz ﷺ concernant ce point nous dit : « Tout musulman se doit d'appeler à Allah, de prêcher selon sa capacité et sa science. Toute personne, homme ou femme, a une part de cette obligation de transmettre, de prêcher, d'orienter de conseiller, et d'appeler au monothéisme (*at-tawhîd* : l'unicité d'Allah), de conseiller les gens afin qu'ils soient constants dans la prière, qu'ils versent la *Zakât*, qu'ils effectuent leur Jeûne du mois de *Ramadhân*, qu'ils accomplissent le pèlerinage à la maison sacrée pour celui qui en est capable, d'appeler à la bonté envers les parents et au respect des liens de parenté, et à l'abandon de tous les péchés »).

Certes, l'appel à Allah ﷻ est la charge, la fonction des prophètes, des messagers et de ceux qui les ont suivis dans la bienfaisance, et c'est une charge immense et peu de gens l'ont compris et perçu. Cet appel, qui est de la responsabilité de tous les étudiants en science, se doit d'être effectué strictement pour Allah, pour la cause d'Allah, pour se rapprocher d'Allah, par amour pour Lui ﷻ, par fort désir d'obtenir sa récompense et par crainte de son châtiment. Cet appel à la science ne se réalise que pour que la parole d'Allah soit la plus élevée, dans l'objectif de propager la science, et ceci incombe à toute personne à qui Allah a donné les capacités pour le faire. Et la science ce n'est pas le fait d'être attaché aux journaux et aux revues, que ce soient ces revues immorales et débauchées qui inondent les marchés, ou que ce soient ces pseudo revues islamiques dont la plupart d'entre elles se cachent derrière l'Islâm pour manigancer et comploter contre l'Islâm et les musulmans. Non ! La science véridique, celle que l'on fait jaillir quand on appelle à Allah, c'est la science issue du Livre d'Allah et de la Sounnah du Messager d'Allah ﷺ. Ainsi, l'appel à cette science, à cette source, est la mission de quiconque a été facilité dans sa recherche de la science par Allah, ceux qui disent la vérité et réforment les gens par cette vérité, de ce fait tout le monde se doit de faire des efforts dans l'optique de devenir des prêcheurs à Allah, et cela, après s'être armé de la science.

Il ne s'agit pas d'appeler à Allah en propageant des récits, des fictions, des chimères, des rêves ou en diffamant les gens ou en les intimidant, non ! L'appel à Allah ne se réalise qu'après s'être armé des armes de la science comme nous l'avons vu précédemment. Et il est obligatoire de commencer par le plus important, les bases, le dogme du Tawhîd et d'appeler au Tawhîd ; nous n'appelons pas à un simple rassemblement, ni à *l'excitation*, à la fougue ! Sans que tout cela ne soit basé sur l'unicité d'Allah ﷻ. Allah nous dit à ce propos :

﴿ أَفَمَنْ أَسَّسَ بُنْيَـٰنَهُۥ عَلَىٰ تَقْوَىٰ مِنَ ٱللَّهِ وَرِضْوَٰنٍ خَيْرٌ
أَم مَّنْ أَسَّسَ بُنْيَـٰنَهُۥ عَلَىٰ شَفَا جُرُفٍ هَارٍ فَٱنْهَارَ بِهِۦ فِى نَارِ جَهَنَّمَ ۗ
وَٱللَّهُ لَا يَهْدِى ٱلْقَوْمَ ٱلظَّـٰلِمِينَ ﴾

« Lequel est plus méritant ? Est-ce celui qui a fondé son édifice sur la piété et l'agrément d'Allah, ou bien celui qui a placé les assises de sa construction sur le bord d'une falaise croulante qui s'écroula avec lui dans le feu de l'Enfer ? ».
[At-Tawba ; 109]

Ainsi, cet appel, ce prêche, ce n'est pas une simple motivation des foules comme on peut le constater dans certains pays, il ne s'agit pas d'enthousiasmer, de stimuler les gens sans se reposer sur la science qui leur permettrait de connaitre le chemin de l'appel authentique, ceci n'est pas correct et ce n'est pas la voie des prophètes et des messagers dans leur appel prêche.

Beaucoup de gens prétendent être des prêcheurs, et beaucoup de gens s'invitent à prêcher, cependant, il est obligatoire que ce soit les gens de la *da'wah* qui fassent la *da'wah,* c'est-à-dire ceux qui ont la science, la connaissance, un dogme correct, authentique, ceux qui s'éloignent de la recherche d'intérêts personnels, de toute propagande, et de l'intimidation.

Et Allah nous dit dans le ***Qur'ân*** :

﴿ قُلْ هَٰذِهِۦ سَبِيلِىٓ أَدْعُوٓا۟ إِلَى ٱللَّهِ ۚ عَلَىٰ بَصِيرَةٍ أَنَا۠ وَمَنِ ٱتَّبَعَنِى ۖ وَسُبْحَٰنَ ٱللَّهِ وَمَآ أَنَا۠ مِنَ ٱلْمُشْرِكِينَ ﴾

« Dis : Voici ma voie, j'appelle les gens [à la religion] d'Allah, moi et ceux qui me suivent, nous basant sur une preuve évidente. Gloire à Allah ! Et je ne suis point du nombre des associateurs ». *[Yûsuf ; 108]*

Concernant ce verset, shaykh Al Fawzân حفظه الله nous dit : « telle est la voie du Messager d'Allah ﷺ et de ceux qui le suivent : la science, la pratique, et l'appel à Allah ».

Le quatrième et dernier point : (*a<u>s</u>-<u>s</u>abru 'alâ al-adhâ fîh*) :

C'est-à-dire : patienter vis-à-vis des torts, des préjudices qui peuvent nous être faits dans notre appel à Allah.

Et la patience est de trois sortes :

1/ patienter dans l'obéissance d'Allah comme nous le dit Allah dans le ***Qur'ân*** :

﴿ وَٱصْبِرْ نَفْسَكَ مَعَ ٱلَّذِينَ يَدْعُونَ رَبَّهُم بِٱلْغَدَوٰةِ وَٱلْعَشِىِّ يُرِيدُونَ وَجْهَهُۥ ﴾

« Fais preuve de patience [en restant] avec ceux qui invoquent leur Seigneur matin et soir, désirant Son Visage ».
[Al-Kahf ; 28]

2/ patienter face à la désobéissance à Allah : c'est-à-dire se retenir de commettre des péchés, refouler son âme des délices *qui sont péchés* ou qui peuvent conduire au péché.

3/ patienter face aux décrets d'Allah : c'est-à-dire : que le *muslim* sache que toute chose qui lui est parvenue n'aurait jamais pu lui échapper, et toute chose qui lui a échappé il n'aurait jamais pu l'atteindre, et que toute chose qui lui est survenue n'est arrivée que par le décret d'Allah et ce qu'Allah a prédestiné. Et la patience est une lumière comme nous en a informés le prophète ﷺ et c'est pour cela que la patience a été citée plus de soixante-dix fois dans le Qur'ân.

L'auteur, Shaykh Mouhammad Ibn 'Abdel Wahhâb ﵀ a cité pour preuve de ces quatre points essentiels la Sourate Al 'Asr que nous connaissons tous :

﴿ وَٱلْعَصْرِ ﴿١﴾ إِنَّ ٱلْإِنسَـٰنَ لَفِى خُسْرٍ ﴿٢﴾ إِلَّا ٱلَّذِينَ ءَامَنُوا۟ وَعَمِلُوا۟ ٱلصَّـٰلِحَـٰتِ
وَتَوَاصَوْا۟ بِٱلْحَقِّ وَتَوَاصَوْا۟ بِٱلصَّبْرِ ﴿٣﴾ ﴾

« Par le temps L'homme est en perdition sauf ceux qui croient et accomplissent les bonnes œuvres, s'enjoignant mutuellement la vérité et s'enjoignant mutuellement la patience ».

Ainsi, la parole « *illal ladhîna âmanô* » correspond à la science ; « *illal ladhîna âmanô wa 'amilôs Salihâte* » et il ne peut y avoir d'acte pieux s'ils ne remplissent pas les conditions que nous avons citées auparavant, à savoir « *al ikhlaS wal moutâba'a* » ; « *wa tawâSaw bil haqqi* » ceci correspond à appeler à Allah ; « *wa tawâSaw bis Sabr* » c'est-à-dire que les gens se recommandent la patience les uns les autres. Donc, l'auteur a mentionné la *da'wah* qui correspond à : « *wa tawâSaw bil haqqi* », puis il nous mentionne la patience dans le chemin de la *da'wah* qui correspond à « *wa tawâSaw bis Sabr* ». Cette sourate est très courte (elle est composée de trois versets) donc, mais malgré le fait qu'elle soit très courte elle englobe des notions immenses.

L'imâm Ash-Shafi'î a dit à son sujet : « *law maa anzala Allah houjjatan 'alâ khalqihi illa hâdhihis-sôurah la kafathoum* », ***« Si Allah n'avait révélé comme preuve aux créatures que cette sourate elle leur aurait été suffisante ».*** Car cette sourate clarifie les deux voies et il n'y a que deux voies ; la voie du bonheur et celle du malheur, il n'existe pas de troisième voie, il n'existe pas de voie intermédiaire.

On retrouve la voie du bonheur dans l'exception quand Allah nous dit : « *illal ladhîna âmanô wa 'amilôs Salihâte wa tawâSaw bil haqqi wa tawâSaw bis Sabr.* » Et la voie du malheur on la retrouve dans la parole « *innal insân lafî khusr* ».

Et comme nous dit shaykh Ibn Bâz ﵀ : « ***Tous les gens sont en perdition (Sauf ceux qui croient et accomplissent les bonnes œuvres, s'enjoignant mutuellement la vérité et s'enjoignant mutuellement la patience). C'est-à-dire : ceux à qui Allah fait exception. Et en effet, tous les fils d'Âdam sont perdants et sont sur la voie de la destruction, excepté ceux qui ont cru et fait de bonnes actions, et se sont mutuellement recommandés la vérité, et se sont mutuellement recommandés la patience. Ceux-là sont les gagnants et les bienheureux*** ». La voie du bonheur et la voie du malheur ont été clarifiées. Ainsi, la recherche de la science, sa mise en pratique, appeler les gens à cette science, et patienter face aux préjudices que l'on peut rencontrer sur le chemin de la *da'wah (prédication)* ; ceci est la voie des envoyés et des messagers.

بِسْمِ ٱللَّهِ ٱلرَّحْمَٰنِ ٱلرَّحِيمِ

Bismillâhi r-rahmâni r-rahîm

Sache, qu'Allah te fasse miséricorde, qu'il est obligatoire à chaque *Muslim* et chaque *Muslima* de connaître les trois points essentiels suivants et de les mettre en pratique :

Premièrement :

Allah nous a créés, nous a donné notre subsistance et ne nous a pas laissés sans but. Au contraire, il nous a envoyé un messager. Quiconque lui obéit entrera au paradis (*Al-Jannah*) et quiconque lui désobéit entrera en enfer (*An-Nâr*).

La preuve est la Parole d'Allah ﷻ :

﴿ إِنَّآ أَرْسَلْنَآ إِلَيْكُمْ رَسُولًا شَٰهِدًا عَلَيْكُمْ كَمَآ أَرْسَلْنَآ إِلَىٰ فِرْعَوْنَ رَسُولًا ﴿١٥﴾ فَعَصَىٰ فِرْعَوْنُ ٱلرَّسُولَ فَأَخَذْنَٰهُ أَخْذًا وَبِيلًا ﴿١٦﴾ ﴾

« Nous vous avons envoyé un Messager pour être témoin contre vous, de même que Nous avions envoyé un Messager à Pharaon. Pharaon désobéit alors au Messager. Nous le saisîmes donc rudement. » *[Al-Muzzamil ; 15-16]*

Deuxièmement :

Allah n'agrée pas qu'on lui associe qui que ce soit dans Son adoration, que ce soit un ange rapproché, ou un Prophète envoyé. Et la preuve est la parole d'Allah ﷻ :

﴿ وَأَنَّ ٱلْمَسَٰجِدَ لِلَّهِ فَلَا تَدْعُوا۟ مَعَ ٱللَّهِ أَحَدًا ﴾

***« Et certes, les mosquées sont consacrées pour Allah, n'invoquez donc personne avec Allah. »** [Al-Djinn ; 18]*

Troisièmement :

Quiconque obéit au Messager et unifie Allah (dans l'adoration), il lui est interdit de prendre comme allié celui qui s'oppose à Allah et à Son Messager, même s'il s'agit d'un proche parent. La preuve est la parole d'Allah ﷻ :

﴿ لَّا تَجِدُ قَوْمًا يُؤْمِنُونَ بِٱللَّهِ وَٱلْيَوْمِ ٱلْءَاخِرِ يُوَآدُّونَ مَنْ حَآدَّ ٱللَّهَ وَرَسُولَهُۥ
وَلَوْ كَانُوٓا۟ ءَابَآءَهُمْ أَوْ أَبْنَآءَهُمْ أَوْ إِخْوَٰنَهُمْ أَوْ عَشِيرَتَهُمْ ۚ أُو۟لَٰٓئِكَ كَتَبَ فِى
قُلُوبِهِمُ ٱلْإِيمَٰنَ وَأَيَّدَهُم بِرُوحٍ مِّنْهُ ۖ وَيُدْخِلُهُمْ جَنَّٰتٍ تَجْرِى مِن تَحْتِهَا ٱلْأَنْهَٰرُ
خَٰلِدِينَ فِيهَا ۚ رَضِىَ ٱللَّهُ عَنْهُمْ وَرَضُوا۟ عَنْهُ ۚ أُو۟لَٰٓئِكَ حِزْبُ ٱللَّهِ ۚ أَلَآ إِنَّ حِزْبَ
ٱللَّهِ هُمُ ٱلْمُفْلِحُونَ ﴾

***« Tu ne trouveras pas un peuple qui croit en Allah et au Jour dernier, prendre pour amis ceux qui s'opposent à Allah et à Son Messager fussent-ils leurs pères, leurs fils, leurs frères ou les gens de leur tribu. Ceux-là sont ceux à qui Il a écrit la foi dans leurs cœurs et les a aidés de Son secours. Il les fera entrer dans des Jardins sous lesquels coulent les ruisseaux, où ils demeureront éternellement. Allah les agrée et ils L'agréent. Ceux-là sont le parti d'Allah. N'est-ce pas que le parti d'Allah est celui de ceux qui réussissent. »** [Al-Mujâdalah ; 22]*

COMMENTAIRES

Nous avons vu l'explication des quatre points essentiels et nous allons maintenant voir trois points qui sont également très importants et essentiels à notre compréhension du livre « ***Al-usûl al-thalâthah*** », et sans la connaissance de ces trois points le *muslim* ne sera pas en mesure de comprendre le livre, le premier de ces points traite de la foi dans les messagers de manière résumée, le deuxième traite de l'obligation du tawhîd, du danger du *shirk* et de la gravité d'invoquer autre qu'Allah ﷻ et le troisième traite de l'alliance et du désaveu en Islâm.

Nous allons voir aujourd'hui -Inshâ Allah- le premier de ces trois points :

C'est le fait qu'Allah ait créé la création (les djinns et les hommes) pour qu'ils l'adorent, et vu qu'Allah les a créés pour qu'ils l'adorent il était nécessaire qu'Allah ﷻ clarifie de quelle manière ils doivent l'adorer, car il n'est pas possible de s'en remettre à sa seule raison, car chacun prendrait sa raison comme juge, comme législateur dans la législation d'Allah, comme le font certains innovateurs tels que les mu'tazilah ou les adeptes des écoles de pensées rationalistes actuelles, ceux qui soumettent, qui subordonnent chaque chose à leur raison, les rationalistes qui ont renié et rejeté beaucoup de hadith et de versets sous prétexte que leur raison ne se tranquillisait pas, ou que leur raison refusait telle ou telle vérité issue du Coran ou de la Sounnah, ou sous prétexte que ces versets ou ces hadiths ne sont pas en accord avec leur raison, avec leur compréhension. Mais en vérité ces hadiths, ces versets du Coran ne posent de problèmes qu'à ceux qui ont une raison malade, une compréhension erronée, quant à celui dont la raison est saine et remplie de vitalité par l'amour du Livre d'Allah et de la Sounnah du prophète ﷺ alors il est en accord avec les versets et les hadiths.

Donc, Allah nous a créé pour qu'on L'adore, il nous a créé et il ne nous a pas abandonné nous laissant le libre choix de prendre ou de laisser ce qui nous plairait comme type d'adoration, Allah ne nous a pas délaissés, ni négligé, car il est le plus savant de ce qui est meilleur pour Ses serviteurs comme il nous le dit dans le ***Qur'ân*** :

﴿ إِنَّهُۥ كَانَ بِعِبَادِهِۦ خَبِيرًۢا بَصِيرًا ﴾

« Il est, au sujet de Ses serviteurs, Parfaitement Connaisseur et Clairvoyant ». *[Al-Isrâ ; 30 ; 96]*

Ainsi, il est plus savant que ses serviteurs des raisons et des sagesses pour lesquels il les a créés et c'est pour cela qu'il leur a envoyé des messagers et qu'il leur a révélé les livres saints (les Psaumes, la Thora, les Évangiles, le Coran) ainsi quiconque aura obéi à ses Messagers sera parmi les vainqueurs et les sauvés tandis que quiconque leur aura désobéi aura échoué et il se sera exposé à la perdition. C'est pour cela que l'auteur, Shaykh Mouhammed Ibn 'Abdel Wahhâb, nous dit : « **Bal arsala ilaynâ rasôulân fa-man aṯâ'ahou dakhala al jannah wa-man 'as̱âhou dakhala an nâr** » « Allah nous a envoyé un Messager, ainsi quiconque lui obéira entrera au paradis (*Al-Jannah*) et quiconque lui aura désobéi entrera en enfer (*An-Nâr*) ». Et ceci est clarifié par la parole prophétique, dans un hadith rapporté par Abou Hourayrah ﵁ qui nous dit que le prophète ﷺ a dit : ***« Koullou oummaty dakhala al jannah illa man abâa » « qâlôu » « wa man ya-bâa yâa rasôula Allahi ? » « qâala : man aṯâ'anî dakhala al jannah wa man 'as̱ânî faqad abâa » :*** « Le prophète ﷺ a dit un jour : ***Toute ma communauté entrera au paradis SAUF celui qui le refuse. Il fut questionné : mais qui refuserait ? Il répondit : Celui qui m'aura obéi entrera au paradis et celui qui m'aura désobéi aura certes refusé.*** »

Ainsi, quiconque aura obéi à Allah ﷻ et à son prophète ﷺ en ayant œuvré selon ce que cela implique de manière apparente et cachée entrera au paradis. Et quiconque aura désobéi à Allah et à son messager ﷺ aura refusé (le paradis).

Et la désobéissance se divise en deux :

Premièrement : la désobéissance qui atteint le niveau de mécréance en Allah tel que le shirk ou tout ce qui est en rapport avec la mécréance.

Et le deuxième type de désobéissance c'est celle qui n'atteint pas le niveau de mécréance en Allah.

Ce qui est important c'est que quiconque aura obéi au prophète ﷺ entrera au paradis et quiconque lui aura désobéi entrera en enfer, tout comme nous le dit Allah :

﴿ إِنَّآ أَرۡسَلۡنَآ إِلَيۡكُمۡ رَسُولٗا شَٰهِدًا عَلَيۡكُمۡ كَمَآ أَرۡسَلۡنَآ إِلَىٰ فِرۡعَوۡنَ رَسُولٗا ﴾

« Nous vous avons envoyé un Messager pour être témoin contre vous, de même que Nous avions envoyé un Messager à Pharaon... »*. [Al-Muzzamil ; 15]*

Quand Allah nous dit : « ***innâa arsalnâa ilaykoum rasôlan*** » : « ***Nous vous avons envoyé un Messager*** », de qui s'agit-il ? Il s'agit de notre prophète, notre maître, notre imâm Mouhammed ﷺ !

Et quand Allah nous dit : ***« kamâa arsalnâa ilâa fir'aouna rasôlâa »*** : « ***De même que Nous avions envoyé un Messager à Pharaon »***, qui est donc ce messager dont Allah nous parle ? Il s'agit **du prophète** Mûssa عليه السلام (que la paix soit sur lui),

« Fa-'asa fir'aouna ar rasôula » : « ***Pharaon a désobéi à Mûssa*** »... Alors le Tout Puissant, Lui qui est capable de tout s'est alors saisi de lui ! C'est pour cela qu'Allah nous dit : « ***fa-akhadhnâhou akhdhân wabîlâ*** » : « ***Nous le saisîmes donc rudement*** » !

Et tel est le sort de celui qui dément les prophètes et les Messagers, tel est le sort de ceux qui traitent les prophètes et les messagers de menteurs, de ceux qui leur désobéissent, de ceux qui violent les limites d'Allah, comme nous le dit Allah dans le ***Qur'ân*** :

﴿ مَّن يُطِعِ ٱلرَّسُولَ فَقَدۡ أَطَاعَ ٱللَّهَۖ وَمَن تَوَلَّىٰ فَمَآ أَرۡسَلۡنَٰكَ عَلَيۡهِمۡ حَفِيظٗا ﴾

« Et celui qui obéit au prophète a certes obéi à Allah. Et quiconque tourne le dos... alors, nous ne t'avons pas envoyé à eux comme gardien ». *[An-Nissa' ; 80].*

Ainsi, obéir au prophète fait partie intégrante de l'obéissance à Allah, l'obéissance au prophète ﷺ est une partie indivisible et inséparable de l'obéissance à Allah ﷻ, et quiconque obéit à Allah et à Son Messager sera parmi les vainqueurs et ceux qui auront réussi dans les deux demeures ; la vie d'ici-bas et l'au-delà.

Et quiconque désobéit à Allah et à son messager aura certes échoué et se sera exposé à la perdition.

Ceci est donc le premier des trois points essentiels.

Quant aux rationalistes, ceux qui prennent leur raison comme législateur dans la législation d'Allah, en ce qui concerne les noms et les attributs d'Allah, ceux qui utilisent leur raison pour rejeter ou accepter les hadiths, nous leur disons : Certes Allah ﷻ ne nous a pas abandonné, Allah ne nous a pas négligés ! Il ne nous a pas créé de manière futile, sans but ! Bien au contraire, il nous a envoyé un messager, un prophète miséricordieux envers sa communauté, profondément attaché à **les guider**, soucieux de leur cheminement sur la voie de la rectitude, doux et compatissant à leur égard, il a transmis le message, rendu le dépôt, conseillé la communauté, et il a combattu et enduré pour Allah, que les prières et les salutations d'Allah soient sur lui et ses proches ﷺ.

Et Allah nous dit dans le ***Qur'ân :***

﴿ لَقَدْ جَآءَكُمْ رَسُولٌ مِّنْ أَنفُسِكُمْ عَزِيزٌ عَلَيْهِ مَا عَنِتُّمْ حَرِيصٌ عَلَيْكُم بِٱلْمُؤْمِنِينَ رَءُوفٌ رَّحِيمٌ ﴾

« Certes, un Messager issu de vous-même vous est venu, auquel pèsent lourd les difficultés que vous subissez, qui est

plein de sollicitude pour vous, qui est compatissant et miséricordieux envers les croyants »*. [At-Tawba ; 128]*

De qui s'agit-il ?

Il s'agit du prophète, **du guide,** de la miséricorde, le prophète de la piété, l'imâm de la voie droite, le prophète Mouhammad ﷺ, et quiconque chemine sur son chemin, et suit son exemple dans tous les points, tels que la croyance, « *al 'aqîdah* », le comportement, les bonnes manières, la législation, l'appel à Allah, etc. Quiconque suivra son exemple de manière absolue sera parmi les sauvés, les vainqueurs par l'agrément d'Allah et quiconque aura dévié, quiconque se sera détourné du chemin prophétique de quelque manière que ce soit se sera égaré de la voie droite, il aura cheminé sur un sentier autre que celui des croyants et se sera éloigné de la voie d'Allah, la voie de la rectitude.

C'est donc le premier des trois points essentiels, la foi dans le fait qu'Allah nous a envoyé un messager, miséricordieux et doux à l'égard de sa communauté, soucieux de ***la*** guider sur le droit chemin, aussi quiconque lui aura obéi entrera au paradis et quiconque lui aura désobéi entrera en enfer.

Obéir au prophète ﷺ fait partie de l'obéissance à Allah, et si par exemple une personne appliquait la religion correctement, mais qu'elle dirait, par exemple :

« Moi, sur tel ou tel point je n'obéirai pas au prophète ﷺ ! » Quel serait le jugement d'une telle personne ? Elle aurait mécru ! Et elle sort de la religion, cette *personne* n'est plus musulmane ! **Bien sûr** nous ne visons pas une personne qui a commis un péché et qui le reconnaît, qui reconnaît avoir désobéi, celle-ci n'est pas concernée ici, il s'agit d'un désobéissant dont le sort est sous la volonté d'Allah, si Allah le veut il lui pardonnera par sa bienfaisance à l'égard de ce pécheur ou s'il le souhaite Allah le châtiera et ce sera justice, la manifestation de la justice parfaite d'Allah. Cependant si Allah le châtie, ce pécheur ne s’éternisera pas en enfer, il finira par en sortir pour entrer au paradis.

Par contre si une personne vient et nous dit : « l’alcool est licite je ne reconnais pas que c’est *harâm* (interdit) ! Et ce, même si tu me faisais voir mille hadiths prouvant le contraire ou mille versets. L’alcool est licite, de même que les intérêts usuriers et le fait de gaspiller les biens de l’orphelin. »

Quel serait le jugement pour cette personne ? Mécréante ! C’est ce type de personne dont la désobéissance atteint le niveau de la mécréance, c’est cette catégorie de personnes qui est visé par la parole de l’auteur Shaykh Mouhammed Ibn ‘Abdel Wahhâb رحمه الله quand il nous dit : « *fa-man aṯâ‘ahou dakhala al jannah wa-man ‘as̱âhou dakhala an nâr* » « *Quiconque lui aura obéi entrera au paradis et quiconque lui aura désobéi entrera en enfer* » ; la désobéissance qui est visée ici c’est celle qui atteint le niveau de la mécréance.

Quant à celui qui va commettre des désobéissances, des péchés et qu’il les reconnaît, celui-là est sous la volonté d’Allah comme nous l’avons vu, il est sous la menace du châtiment, il court un grand danger, cependant il ne s’éternisera pas en enfer et il se peut qu’Allah lui pardonne de par son bienfait. Cependant, si ce serviteur persiste dans son péché, faisant preuve de complaisance, le commettant facilement de manière continuelle ceci peut entraîner comme conséquence qu’il se rende ce péché licite et dès lors qu’il se le rend licite s’il meurt dans cet état-là rendant ce péché licite, alors cette personne sera mécréante, étrangère aux liens de l’Islâm. De ce fait, quiconque aura obéi au prophète ﷺ et aura cheminé sur son chemin sera bien guidé, et quiconque lui aura désobéi se sera égaré de la voie droite.

بِسْمِ ٱللَّهِ ٱلرَّحْمَٰنِ ٱلرَّحِيمِ

Bismillâhi r-rahmâni r-rahîm

Le deuxième point : qui est le fait qu'Allah n'agrée pas qu'on lui associe quoi que ce soit dans son adoration, que ce soit un ange rapproché ou un prophète envoyé, et la preuve de ceci réside dans la parole d'Allah :

﴿ وَأَنَّ ٱلْمَسَٰجِدَ لِلَّهِ فَلَا تَدْعُوا۟ مَعَ ٱللَّهِ أَحَدًا ﴾

« Et les mosquées sont consacrées à Allah n'invoquez donc personne avec Allah ». *[Al-Djinn ; 18]*

COMMENTAIRES

Ce deuxième point traite du jugement concernant le fait d'invoquer autre qu'Allah, et le fait d'adorer autre qu'Allah que ce soit un ange rapproché ou un prophète envoyé.

Il se peut qu'une personne se demande pour quelle raison l'auteur Al-shaykh Mouhammad Ibn 'Abdel Wahhâb a spécifié et a avancé ce point à cet endroit du livre alors qu'il aurait pu l'inclure dans d'autres points qui seront d'ailleurs abordés par la suite -Inshâ Allah-, et nous traiterons ce sujet plus en détail lorsque nous aborderons le paragraphe qui traite de la connaissance d'Allah ﷻ.

La réponse est que l'auteur a spécifié ce point, car le *shirk* (polythéisme) s'est répandu et s'est étendu sur cette communauté qui a été submergée par ce dernier, il s'est disséminé en elle, et plus précisément l'adoration des tombes et la dévotion pour celles-ci en dehors d'Allah ﷻ, ceci s'est multiplié chez les gens et ainsi ils prennent les saints et les pieux morts et enterrés comme divinités en dehors d'Allah ! Ils les adorent, leur vouent un culte (les prient), leur demandent d'accomplir telle ou telle chose, leur demandent de dissiper tel problème, telle peine ou telle tristesse, ils leur demandent d'écarter tel souci, de faire disparaître leurs tristesses, leurs afflictions...

Wallahi ! Par Allah ! Nous entendons de nos propres oreilles que dans beaucoup de pays quand une personne passe auprès d'une tombe, elle dit : « Ô untel accorde-moi ton assistance ! Ô untel vient à mon secours ! Ô untel accorde-moi ta protection ! Ô untel réserve-moi une place sous ton aile protectrice ! Tu es mon secours ! » Etc. Et tout ceci est du *shirk* ! Tout ceci relève du polythéisme ! Tout ceci est une association à Allah ﷻ !

Et ces actes annulent et *pervertissent* les actions les actes d'adoration, ces actes de *shirk* détruisent, démolissent les adorations à leurs bases. Et c'est pour cela que l'auteur a spécifié ce point à cet endroit ! Et aujourd'hui cette calamité s'est répandue et nous entendons ce *shirk*, ce polythéisme que ces gens font et ce même devant la tombe de l'élu, le prophète Mouhammad ﷺ, et pourtant il nous a mis en garde contre ce genre de chose.

Il peut arriver qu'on entende près de la tombe du prophète ﷺ des gens dire « Ô Messager d'Allah, donne-moi telle ou telle chose ! Ô messager d'Allah, viens à mon secours ! Ô Messager d'Allah, de par ton prestige et ton rang, réalise ceci ou ceci pour moi ! » Et quand une personne est en colère contre quelqu'un elle va lui dire : « Je vais aller me plaindre auprès du messager d'Allah ﷺ ». Et ceci ne convient pas au prophète d'Allah ﷺ,

ceci n'est pas de son ressort ﷺ, ceci est du ressort d'Allah SEUL ﷻ.

Et dans un hadith, lorsqu'un homme s'est présenté au prophète et qu'il lui a dit : « ***Mâa shâa Allah wa shi-ta » (selon la volonté d'Allah et la tienne)***, le prophète s'est fâché contre lui et il lui a dit : « ***As-tu fait de moi un égal à Allah ? » (Aja'altani lillahi niddan ?) C'est plutôt selon la volonté d'Allah SEUL ! »***

Qui donc a prononcé cette parole ? Est-ce moi ? Est-ce untel ou untel ?

Qui donc a réprimandé cet homme quand il est venu et qu'il a dit : « ***Selon la volonté d'Allah et la tienne » ! (Mâa shâa Allahou washi-ta).***

Qui donc a réprimandé cet homme pour cette parole ? Il s'agit de notre Maître, notre Imâm, notre Prophète, l'élu de notre Seigneur, Mouhammad ﷺ c'est lui qui a prononcé cette parole, cette réprimande, ce n'est pas moi (ni Zayd, ni 'Amr) ni untel ou untel.

Tayyeb, laquelle donc de ces deux paroles est la plus grave, la plus exagérée ?

Une personne qui dit au prophète ﷺ : « Selon la volonté d'Allah et la tienne », ou une autre personne qui dit : « Ô messager d'Allah, secoure moi ! Ou donne-moi ceci ou cela ! Ou accorde-moi ton soutien ! Ou protège-moi, etc. » Alors que le prophète est mort ﷺ.

Laquelle de ces deux paroles est la plus grave, la plus exagérée ? La première ou la deuxième ?

La deuxième ! *Tayyeb* !

Le prophète ﷺ n'a-t-il pas interdit la première ?

Le prophète ﷺ n'a-t-il pas interdit la première alors qu'elle est moins grave ?

Quand la personne lui a dit : « ***Selon la volonté d'Allah et la tienne » ! (Mâa shâ Allahou wa shi-ta !)***.

Le prophète ﷺ l'a réprimandé ! En lui disant : « ***aja'altani lillahi niddan » ? « As-tu fait de moi un égal à Allah ? C'est (Dis) plutôt (Mâa shâa Allah wahdahou) « selon la volonté d'Allah SEUL ! »***

سبحان الله! Regardez de quelle manière le prophète ﷺ nous enseigne le tawhîd (le pur monothéisme), de quelle manière il nous apprend comment nous devons unifier notre Seigneur !

De nos jours nous disons des paroles dont nous ne connaissons même pas le sens, les gens ne se rendent même plus compte de ce qu'ils disent ! Ils invoquent untel ou untel, ou le prophète ﷺ, ils disent : « Ô Messager d'Allah, Ô untel, Ô badawî, Ô Jaylâni, Ô Naqshabandî, Ô shâdhilî, Ô untel, etc. » Les pauvres ne se rendent même pas compte de ce qu'ils disent !

Ils ont entendu leurs pères, et leurs grands-pères dirent ces choses-là alors ils les imitent aveuglément, ils répètent comme des perroquets !

Cependant, s'ils avaient entendu cette noble orientation prophétique, cette orientation qui nous vient de qui ? Cette orientation, cet enseignement du prophète ﷺ, s'ils l'avaient entendue auraient-ils été capables de dire ce genre de chose ?

Quand l'homme a dit « ***mâa shâa Allahou wa shi-ta : selon la volonté d'Allah et la tienne*** » le prophète lui a dit « ***aja'altani lillahi niddan ? C'est plutôt selon la volonté d'Allah SEUL !*** » C'est-à-dire : ne dis pas selon la volonté d'Allah et la tienne, mais dis : Selon la volonté d'Allah SEUL ! *Mâa shâa Allahou waHdahou ! Tayyeb !*

Nous trouvons un autre hadith qui clarifie ce point, quand a été révélée la parole d'Allah :

﴿ وَأَنذِرْ عَشِيرَتَكَ ٱلْأَقْرَبِينَ ﴾

« Et avertis les gens qui te sont les plus proches »
[Achou'ara ; 214]

Quand ce verset a été révélé au prophète ﷺ que leur a-t-il dit ? Il les a tous appelés en élevant la voix, il a commencé par les gens de sa tribu et il leur a dit :

« ***Ô gens de Qouraysh ! Sauvez vos âmes de l'enfer, je ne peux rien vous assurez auprès d'Allah***,

Ô 'Abbâs ! » Et qui était Al 'Abbâs ? C'était son oncle paternel ! Et donc, il lui a dit : « ***Ô 'Abbâs ! Sauve ton âme de l'enfer je ne peux rien t'assurer auprès d'Allah*** ».

« Ô Safiyyah ! » Qui était Safiyyah ? C'était sa tante paternelle, il lui a dit : « ***sauve ton âme de l'enfer je ne peux rien t'assurer auprès d'Allah*** ».

« ***Ô fâtimah fille de Mouhammad ! Prend de mes biens ce que tu veux, sauve ton âme de l'enfer je ne peux rien t'assurer auprès d'Allah*** » ! *SoubHâna Allah* ! Il lui a dit : prend de mes biens ce que tu veux, demande ce que tu veux, il les a appelés jusqu'à ce qu'il arrive au point d'appeler les gens qui lui sont les plus proches, la chair de sa chair, le sang de son sang, la maîtresse des femmes du paradis, Fâtima, que l'agrément d'Allah soit sur elle, nous l'honorons, nous avons de la considération pour elle, quand son nom est évoqué nous disons ﵂, cependant, nous ne l'adorons pas, nous ne lui vouons aucun culte, au contraire des chiites (les *rawafidhs*), qu'Allah les détruise !

Nous, nous disons que Fâtima ﵂ est la maîtresse des femmes du paradis, et nous croyons en cela, car le prophète ﷺ nous en a informés, il nous a informés qu'elle était la maîtresse des femmes du paradis, nous ne rajoutons rien à cela nous ne faisons pas d'exagération à son sujet ni au sujet de quiconque !

Donc le prophète ﷺ a appelé la personne la plus proche de lui, Fâtima ﵦ, il lui a dit : « ***prend ce que tu veux de mes biens, je ne peux rien t'assurer auprès d'Allah*** ».

Chers frères et sœurs, comparons cet appel grandiose du prophète ﷺ et ce que font les musulmans de nos jours, *soubHâna Allah* ! On trouve des gens qui disent (*lâ ilaha illa Allah, Mouhammad rasôuloullah*), ils accomplissent la prière, ils donnent la *zakât*, ils jeûnent, ils accomplissent leur pèlerinage, ils accomplissent tous les actes d'adorations, toutes les obéissances, puis ils sabotent tout, ils annulent tout, ils effacent tout ! Par une parole prononcée par leur langue, ils recherchent le secours auprès d'autre qu'Allah, ils vont dire par exemple « Ô untel secours moi, Ô badawi, Ô jaylâni, Ô naqshabandi, Ô tijâni, Ô untel, etc »

Ainsi, ils annulent tout, ils détruisent toutes leurs œuvres, ils anéantissent tous leurs actes d'adorations, leurs prières, leurs jeûnes, leurs *zakâts*, leurs aumônes, tout est anéanti il ne reste rien !

Pourtant, le prophète ﷺ nous a interdit de l'invoquer alors qu'il est la meilleure des créatures d'Allah, alors comment se fait-il que soit invoqué quelqu'un qui lui est inférieur, quelqu'un qui a un niveau moins élevé que le sien ? S'il nous est interdit d'invoquer la meilleure des créatures qu'en est-il pour les autres ? Pourquoi invoquer un *miskin* (pauvre) ? Un mort dans sa tombe qui ne possède rien pour lui-même ? Il n'a rien pu faire pour lui-même quand la mort s'est présentée à lui ! S'il détenait quoi que ce soit il ne serait pas mort il aurait vécu éternellement ! Et si l'éternité avait été décrétée pour quelqu'un elle l'aurait été pour la meilleure créature de l'univers, le meilleur parmi les fils d'Adam, le maître des premières et des dernières générations, notre maître, notre prophète Mouhammad ﷺ, et ceci est clair pour quiconque a un cœur ou prête l'oreille en étant témoin.

C'est un point d'une importance grandiose, immense ! C'est le fait d'apprendre qu'on ne doit rien invoquer en dehors d'Allah, que ce soit un ange rapproché ou un prophète envoyé, et comme nous le dit Al shaykh 'Abder Rahman Ibnoul Qâssim ﷀ, un des grands savants du Nejd du siècle dernier dans son explication d'« ***Al-ussûl ath-thalâthah*** », les anges rapprochés et les prophètes envoyés sont les créatures les plus nobles auprès d'Allah aussi s'il nous est interdit de les invoquer eux, *par extension* ceci est valable pour toute autre personne.

Ainsi, on ne doit invoquer qu'Allah SEUL, et personne d'autre, qui que ce soit, et c'est pour cela que l'élu, le prophète ﷺ a dit : « ***n'exagérez pas à mon sujet comme ont exagéré les chrétiens au sujet du Messie fils de Marie, 'Issâ Ibnou Maryam ﵇. Je ne suis qu'un serviteur, dites à mon sujet : serviteur d'Allah et prophète d'Allah.*** »

SoubHana Allah ! Les orientations et les nobles directives du Messager d'Allah ﷺ ! Y a-t-il quelqu'un pour les comprendre ? Quel est le sens de la parole : « ***n'exagérez pas à mon sujet comme ont exagéré les chrétiens au sujet du Messie fils de Marie 'Issâ Ibnou Maryam*** ﵇ », cela signifie : n'abusez pas, n'allez pas trop loin dans les éloges à mon sujet comme l'ont fait les juifs et les chrétiens ; les juifs ont prétendu que 'Uzayr était le fils d'Allah (والعياذ بالله) et les chrétiens ont prétendu que 'Issâ ﵇ était le fils d'Allah (والعياذ بالله).

Et parmi les musulmans, il en est **un** qui est venu et a écrit ces vers de poésie :

Ô Toi qui es le meilleur de la création

Je n'ai d'autre refuge que toi quand les grands malheurs viendront [et par les grands malheurs, cette personne voulait dire « *yawm al qiyâmah* » (le jour du jugement dernier)].

Par Allah ! Laquelle de ces deux paroles est la plus grave : quelqu'un qui va dire « Ô Messager d'Allah je n'ai personne en dehors de toi auprès de qui me réfugier au jour dernier », ou quelqu'un qui prétend que 'Uzayr est le fils d'Allah (والعياذ بالله) ? Certes la première phrase est moins grave cependant on se doit d'être vigilant ! Car qui est-ce que l'on invoque lorsque les grands malheurs viennent ? C'est Allah ! Allah SEUL ! Comme l'a dit Ibrahîm ﷺ quand il dit :

﴿ وَإِذَا مَرِضْتُ فَهُوَ يَشْفِينِ ﴾

« Quand je suis malade, c'est Lui qui me guérit »
[Ach-chu'arâ ; 80]

C'est Allah qui me guérit et Allah nous l'a rapporté dans le ***Qur'ân*** : « وَإِذَا مَرِضْتُ فَهُوَ يَشْفِينِ ».

Il ne nous a pas dit d'invoquer le prophète ou d'invoquer les anges !

Le prophète Mouhammad ﷺ, il nous est obligatoire de l'aimer et ce plus que nos propres personnes, et quiconque ne l'aime pas ou a des doutes dans l'amour qu'il lui porte ou a des doutes quant à la véracité de son message *cette personne n'est pas musulmane,* cependant l'amour qu'on lui porte ne nous pousse pas à le diviniser lui ou qui que ce soit d'autre en dehors d'Allah ﷻ que ce soit un ange rapproché ou un prophète envoyé.

Alors que dire de cette injustice (comme les chiites) qui dit : « il est connu dans les bases de notre « *madh-hab* » (notre école juridique) que nos guides ont atteint ce que n'atteindront jamais aucun ange rapproché ni aucun prophète envoyé ». Cette parole relève-t-elle de l'Islâm ou de la mécréance ? Existe-t-il une mécréance plus immense que celle-ci ? Leurs guides qui sont venus après le prophète ﷺ auraient atteint des niveaux supérieurs à ceux des prophètes et des messagers ? Qui peut oser dire une telle parole ? Si ce n'est un athée, un polythéiste, un *kâfir*, un apostat de la religion ! Aussi, nous nous devons d'être très vigilants quant à ce point, il est nécessaire que l'on comprenne avant d'aborder et de poursuivre notre étude de cet ouvrage.

Ainsi, quand Allah ﷻ nous dit dans le verset :

﴿ وَأَنَّ ٱلْمَسَٰجِدَ لِلَّهِ فَلَا تَدْعُواْ مَعَ ٱللَّهِ أَحَدًا ﴾

« Et certes les mosquées sont consacrées à Allah n'invoquez personne d'autre Allah » *[Al-djinn ; 18]*

Le sens ici est n'adorez donc personne d'autre avec Allah.

بِسْمِ ٱللَّهِ ٱلرَّحْمَٰنِ ٱلرَّحِيمِ

Bismillâhi r-rahmâni r-rahîm

Nous sommes toujours dans la poursuite de l’explication des trois points essentiels à tout *muslim* et à toute *muslima*, nous avons vu qu’Allah nous a créés, nous a accordé notre subsistance et qu’Il ne nous a pas laissés sans but, au contraire Il nous a envoyé un Messager quiconque lui obéit entrera au paradis et quiconque lui désobéit entrera en enfer, ceci était le premier point, le deuxième c’était le fait qu’Allah n’agrée pas pas que l’on invoque qui que ce soit en dehors de Lui, que ce soit un ange rapproché ou un prophète envoyé (qui sont pourtant les créatures les plus nobles).

Aujourd’hui, nous allons voir le troisième point qui traite de l’alliance et du désaveu en Islâm ; le statut de l’alliance et du désaveu en Islâm, ainsi, l’auteur nous dit :

﴿ لَّا تَجِدُ قَوْمًا يُؤْمِنُونَ بِٱللَّهِ وَٱلْيَوْمِ ٱلْءَاخِرِ يُوَآدُّونَ مَنْ حَآدَّ ٱللَّهَ وَرَسُولَهُۥ
وَلَوْ كَانُوٓا۟ ءَابَآءَهُمْ أَوْ أَبْنَآءَهُمْ أَوْ إِخْوَٰنَهُمْ أَوْ عَشِيرَتَهُمْ ۚ أُو۟لَٰٓئِكَ كَتَبَ
فِى قُلُوبِهِمُ ٱلْإِيمَٰنَ وَأَيَّدَهُم بِرُوحٍ مِّنْهُ ۖ وَيُدْخِلُهُمْ جَنَّٰتٍ تَجْرِى مِن تَحْتِهَا ٱلْأَنْهَٰرُ
خَٰلِدِينَ فِيهَا ۚ رَضِىَ ٱللَّهُ عَنْهُمْ وَرَضُوا۟ عَنْهُ ۚ أُو۟لَٰٓئِكَ حِزْبُ ٱللَّهِ ۚ
أَلَآ إِنَّ حِزْبَ ٱللَّهِ هُمُ ٱلْمُفْلِحُونَ ﴾

« Tu ne trouveras pas, parmi les gens qui croient en Allah et au Jour dernier, un peuple qui aime ceux qui s'opposent à Allah et à Son Messager, fussent-ils leurs pères, leurs fils, leurs frères ou les gens de leur tribu. Ceux-là, Allah a prescrit la foi dans leurs cœurs et les a aidés de Son secours. Il les fera entrer dans des Jardins sous lesquels coulent les ruisseaux, où ils demeureront éternellement. Allah les agrée et ils L'agréent. Ceux-là sont le parti d'Allah. N'est-ce pas que le parti d'Allah est celui de ceux qui réussissent ». *[Al-Mujâdalah ; 22]*

COMMENTAIRES

Ainsi, il est obligatoire à chaque musulman et à chaque musulmane d'avoir de l'affection ou de l'hostilité selon les critères fixés par la religion.

Le musulman se doit constamment d'aimer et de détester en Allah.

C'est ce qu'on appelle l'Alliance et le désaveu.

Et ce qui est voulu par le terme ALLIANCE (المُوالاة) c'est l'assistance mutuelle, l'amour, l'affection. Ceci ne concerne pas les échanges commerciaux, le négoce et les transactions avec les non-musulmans, avec les mécréants, ceci ne concerne pas la coopération dans les choses de ce bas monde, le fait d'avoir recours à ces choses n'est pas considéré comme faisant partie de l'alliance, car nul ne peut s'en passer, et même les prophètes ont eu recours à cela.

Cependant, en ce qui concerne le **SOUTIEN** (المُناصَرة) ou **le fait d'être partisan**, d'assister ou de soutenir un point de vue idéologique, l'amour de ceci est différent, il y a une séparation à faire, et il n'est pas permis d'aimer ou de s'allier pour autre qu'Allah et pour autre que la religion d'Allah.

Et quand nous disons qu'il n'est pas permis d'aimer ou de s'allier pour autre qu'Allah, il est important de noter que nous ne parlons pas de l'amour naturel qu'il peut y avoir entre un musulman et ses proches non-musulmans ou l'amour naturel entre un musulman (qui est marié à une femme juive ou chrétienne) et son épouse non-musulmane (il l'aime comme un époux peut aimer sa femme sauf qu'il ne doit pas aimer la religion qu'elle pratique).

Le prophète Mouhammad ﷺ traitait et avait des échanges avec les mécréants dans ce qui concerne la vente, les achats et tout ce qui est en rapport avec cela dans les choses de ce bas monde, les choses de cette vie terrestre (*duniyah*).

Et concernant l'amour filial, le musulman dont les parents sont mécréants se doit d'aimer ses parents, et il doit être bienfaisant à leur égard, et ceci est obligatoire en Islâm, il doit répondre à leurs demandes tant qu'elles ne s'opposent pas à l'Islâm. Cependant, il doit détester leur mécréance. Toute personne qui s'est soumise à l'Islâm se doit d'aimer ses parents non-musulmans, il les aime d'un amour filial, naturel, tout en détestant leur mécréance. [cf. Jamal Al-Hârithî]

Ainsi, il n'est pas permis d'aimer ou de s'allier pour autre qu'Allah et pour autre que la religion d'Allah. Et c'est pour cela que le prophète ﷺ a dit : « ***parmi les sept catégories de personnes qui seront sous l'ombre d'Allah le jour où il n'y aura d'ombre que la Sienne, c'est-à-dire au jour de la résurrection, deux hommes qui se seront aimés en Allah ; ils se seront unis pour Allah et se seront séparés pour Allah*** ».

L'alliance et le désaveu.

Et le désaveu, c'est le fait de se désavouer de toute alliance idéologique pour autre que la religion d'Allah, cependant certaines personnes confondent ces choses, certaines personnes sont dans la confusion concernant ce point, parmi les fanatiques et les passionnés de cette époque pour qui le fait de faire des échanges commerciaux entre les états ou le fait d'avoir à traiter avec les non-musulmans par exemple pour tirer avantage de leurs technologies, de leurs découvertes ou ce qui concerne les choses matérielles (d'autant plus que les musulmans ont des retards et des lacunes dans ces domaines) pour eux ces choses relèvent de l'alliance idéologique et ceci est une compréhension erronée, c'est l'inverse de la vérité, c'est faux.

L'alliance, le soutien idéologique, c'est le fait de les (les non-musulmans) soutenir dans leur mécréance, *leur porter secours*, les aimer, avoir de l'affection pour eux et leurs croyances, leur prêter main-forte contre les musulmans, s'allier avec eux contre les musulmans c'est ça l'alliance, ce n'est pas le fait de faire du commerce ou d'avoir des échanges matériels.

(Shaykh Mouhammed Ibn Sâlih Al 'Uthaymîn ﵀ a dit :

« *Concernant les musulmans qui vivent en occident parmi les non-musulmans, il nous est obligatoire d'avoir du respect pour les individus, il nous est interdit de les voler, de les trahir, ou d'être déloyal quand nous faisons du commerce avec eux* ». (Et bien sûr, comme nous disent les savants, il nous est interdit de faire couler leur sang, de commettre des attentats, etc.)

Ne soyez pas dupes, trompés par les propos de ces insensés qui disent :

« Ces gens sont des non-musulmans donc nous avons le droit en Islâm de les voler, de prendre leurs biens », Shaykh Mouhammed Ibn Sâlih Al 'Uthaymîn nous dit : « *Par Allah ceci est un mensonge, un mensonge au sujet de la religion d'Allah et au sujet des sociétés islamiques* ».

Le but de l'alliance et du désaveu qui est demandé à chaque musulman c'est le fait d'aimer en Allah et de détester en Allah, c'est le fait d'aimer ce qu'Allah aime et de détester ce qu'Allah déteste, de prendre pour ami ou pour ennemi en fonction de la législation d'Allah, que ton soutien, ton amour ne soit que pour tes frères en Islâm dans tous les cas de figure et que tu te désavoues de toute personne qui est l'ennemi des musulmans.

Car la parole « ***lâ ilâha illâ Allah*** » (لا إله إلا الله) contient le rejet et l'affirmation ; le rejet de tout ce qui est adoré en dehors d'Allah et l'affirmation de l'adoration pour Allah seul, c'est cela la réalité de l'alliance et du désaveu et c'est pour cela qu'Allah a dit :

﴿ قَدْ كَانَتْ لَكُمْ أُسْوَةٌ حَسَنَةٌ فِيٓ إِبْرَٰهِيمَ وَٱلَّذِينَ مَعَهُۥٓ إِذْ قَالُوا۟ لِقَوْمِهِمْ إِنَّا بُرَءَٰٓؤُا۟ مِنكُمْ وَمِمَّا تَعْبُدُونَ مِن دُونِ ٱللَّهِ كَفَرْنَا بِكُمْ وَبَدَا بَيْنَنَا وَبَيْنَكُمُ ٱلْعَدَٰوَةُ وَٱلْبَغْضَآءُ أَبَدًا حَتَّىٰ تُؤْمِنُوا۟ بِٱللَّهِ وَحْدَهُۥٓ ﴾

« Certes, vous avez eu un bel exemple [à suivre] en Abraham et en ceux qui étaient avec lui, quand ils dirent à leur peuple : Nous vous désavouons, vous et ce que vous adorez en dehors d'Allah. Nous vous renions. Entre vous et nous, l'inimitié et la haine sont à jamais déclarées jusqu'à ce que vous croyiez en Allah, Seul ». *[Al-Mumtahina ; 4]*

﴿ وَإِذْ قَالَ إِبْرَٰهِيمُ لِأَبِيهِ وَقَوْمِهِۦٓ إِنَّنِى بَرَآءٌ مِّمَّا تَعْبُدُونَ ﴿٢٦﴾ إِلَّا ٱلَّذِى فَطَرَنِى فَإِنَّهُۥ سَيَهْدِينِ ﴿٢٧﴾ ﴾

« Et lorsqu'Abraham dit à son père et à son peuple : Je désavoue totalement ce que vous adorez, à l'exception de Celui qui m'a créé, car c'est Lui en vérité qui me guidera ». *[Az-Zukhruf ; 26-27]*

﴿ فَمَن يَكْفُرْ بِٱلطَّٰغُوتِ وَيُؤْمِنۢ بِٱللَّهِ فَقَدِ ٱسْتَمْسَكَ بِٱلْعُرْوَةِ ٱلْوُثْقَىٰ لَا ٱنفِصَامَ لَهَا ۗ وَٱللَّهُ سَمِيعٌ عَلِيمٌ ﴾

« Donc, quiconque mécroit au Rebelle tandis qu'il croit en Allah saisit l'anse la plus solide ». *[Al-Baqara ; 256]*

C'est cela l'alliance et le désaveu en Islâm, ce qui est voulu c'est la défense, l'amour, l'affection pour les tous les musulmans.

Ceux qui cheminent sur la voie de l'Islâm authentique par leurs paroles, leurs actes, et leur croyance (*al i'tiqâd*) tu t'allies à eux pour Allah ﷻ.

Tu détestes pour Allah et tu aimes pour Allah, tu ne t'allies pas pour un groupe ou une méthodologie, inventée, innovée ; il se peut parfois que ce soit au nom de l'Islâm mais non ! Tu ne t'allies que pour Allah et tu ne prends pour ennemi que pour Allah, tu ne t'allies pas pour la glorification de telle ou telle personne, car la vérité n'est pas connue en fonction des gens, ce sont les gens qui sont connus en fonction de la vérité, c'est-à-dire : apprends la vérité et tu sauras qui est dans la vérité et qui est dans l'erreur.

C'est cela l'alliance et le désaveu en Islâm et les gens à notre époque sont dans la confusion concernant ce point, car beaucoup de gens s'allient ou se désavouent seulement d'après une idéologie particulière, une compréhension sectaire (les gens voient les choses de manière étriquée), il se peut qu'ils soient en accord avec certains aspects de la religion cependant ils délaissent le plus important, ils abandonnent l'aspect le plus important, le point essentiel « *al 'aqîdah wat tawhîd* » (le dogme islamique et l'unicité d'Allah).

Ils s'allient sur certains points, ils se réunissent sur certains aspects de la religion, mais ils oublient l'essentiel, ils appellent à la fraternité islamique, au regroupement des musulmans, l'union de leurs paroles, qu'ils se rapprochent, l'union des rangs des musulmans, et tout ceci sont des bonnes choses cependant à la condition que cela repose sur une compréhension saine, préservée, que cela repose sur le tawhîd (l'unicité d'Allah) que ce ne soit pas en fonction d'untel ou untel ou pour la glorification d'untel ou untel, car certains s'accrochent aux gens et à leurs avis considérant que leur parole est la vérité, et ce, même si leur parole est contraire au bon sens, même s'ils sont dans le faux ils les suivent aveuglément, et ceci n'est pas correct.

La vérité c'est la parole d'Allah ﷻ et la parole du prophète ﷺ.

الحَقُّ قَالَ اللهُ وَقَالَ رَسُولُهُ

La vérité c'est la parole d'Allah ﷻ et la parole du prophète ﷺ et c'est en fonction de cela que doit s'appliquer l'alliance et le désaveu !

Aussi, c'est un point auquel nous devons faire très attention, car c'est quelque chose de très précis et les gens à notre époque sont dans la confusion concernant l'alliance et le désaveu et pour certains si tu ne t'allies pas et ne donnes pas l'allégeance à une personne déterminée qui préside un groupe (islamique) qui parfois est même mort, si tu ne t'allies pas ou ne donnes pas l'allégeance alors pour eux tu ne fais pas parti des gens de l'alliance et du désaveu, il faut donner un genre de pacte pour le chef du groupe ou du parti et il faut suivre et appliquer ses paroles aveuglément. (Comme chez les soufis, par exemple).

Nous leur disons : « *al walâ-o wal barâ-o lillahi wa rasôlihi* ! » [الولاء والبراء لله ورسوله]

L'alliance et le désaveu c'est en fonction du Coran et de la Sounnah, c'est pour Allah et son prophète ﷺ, pour la méthodologie prônée par le Coran et la Sounnah, pour quiconque applique les enseignements du Coran et de la Sounnah dans ses paroles, ses actes et sa croyance, dans son dogme ! Et ce où qu'il soit sur terre ! Quel que soit son pays d'origine !

﴿ لَّا تَجِدُ قَوْمًا يُؤْمِنُونَ بِٱللَّهِ وَٱلْيَوْمِ ٱلْءَاخِرِ يُوَآدُّونَ مَنْ حَآدَّ ٱللَّهَ وَرَسُولَهُۥ وَلَوْ كَانُوٓا۟ ءَابَآءَهُمْ أَوْ أَبْنَآءَهُمْ أَوْ إِخْوَٰنَهُمْ أَوْ عَشِيرَتَهُمْ ۚ أُو۟لَـٰٓئِكَ كَتَبَ فِى قُلُوبِهِمُ ٱلْإِيمَـٰنَ وَأَيَّدَهُم بِرُوحٍ مِّنْهُ ﴾

« Tu ne trouveras pas, parmi les gens qui croient en Allah et au Jour dernier, un peuple qui aime ceux qui s'opposent à

Allah et à Son Messager, fussent-ils leurs pères, leurs fils, leurs frères ou les gens de leur tribu. Ceux-là, Allah a prescrit la foi dans leurs cœurs et les a aidés de Son secours. »
[Al-Mujâdalah ; 22]

Ce point de l'alliance et du désaveu est très précis, il ne s'agit pas d'aller trouver une personne qui fait du commerce, du négoce avec les juifs ou les chrétiens par exemple, ou qui traitent avec eux pour des choses de ce bas monde et de lui dire tu es leur allié... Ceci n'est pas obligatoire, le fait de faire du commerce avec eux ou de traiter avec eux pour les choses de ce bas monde n'entraîne pas cela obligatoirement, le prophète ﷺ avait mis en gage son armure chez un juif en l'échange de denrées alimentaires, allons-nous dire qu'il était son allié ?

Non bien sûr que non ! Aucune personne douée de raison ne pourrait dire cela.

Et quand le Messager d'Allah ﷺ a fait écrire une lettre à l'attention de Héraclius (hiraqal) *le roi des byzantins, il l'a fait débuter ainsi : « de la part de Mouhammad le Messager d'Allah, à l'attention de Héraclius l'illustre des Byzantins* ('adhîm ar-rôm) ».

Le fait qu'il l'est décrit comme étant l'illustre des Byzantins ('adhîm), *le grand chef byzantin, est-ce que ceci nous indique qu'il était son allié ou qu'il l'aimait ou qu'il l'avait pris comme intime en dehors d'Allah ? Non bien sûr que non, ceci n'est pas correct !*

Certaines personnes critiquent énormément alors qu'elles n'ont rien compris ; c'est-à-dire qu'elles vont dire qu'untel ou untel parmi les musulmans est l'allié des mécréants parce qu'il a des échanges commerciaux avec eux, parce qu'il fait du négoce avec eux ou des choses en rapport, ou parce qu'il a prononcé une parole en rapport avec ce bas monde, et elles vont dire untel ou untel honore les « kuffars *» (mécréants), il les glorifie, il est allié avec eux, etc. Et ceci est faux !*

Quand le prophète ﷺ a dit : « À l'attention de Héraclius (hiraqal) l'illustre des Byzantins ('adhîm ar-rôm) », il ne visait pas par sa parole l'alliance avec lui, non jamais, « abadan » ! On ne comprend pas cette phrase comme étant une alliance, cette phrase voulait dire que « hiraqal », Héraclius était illustre chez les gens de chez lui, illustre chez les byzantins, et non illustre d'un point de vue religieux, car d'un point de vue religieux il ne mérite même pas qu'on le compare au lacet de la chaussure d'un musulman.

Ainsi, ces choses se doivent d'être pesées sur la balance de la législation et non d'après nos passions, nos envies, et nos avis personnels, ainsi l'alliance et le désaveu **se créent** en fonction de la religion, en fonction du dogme (al 'aqîdah), le tawhîd (monothéisme), et le verset est clair et il est nécessaire de saisir ces notions afin de comprendre les bases de la religion.

بِسۡمِ ٱللَّهِ ٱلرَّحۡمَٰنِ ٱلرَّحِيمِ

Bismillâhi r-rahmâni r-rahîm

Sache, qu'Allah t'oriente vers Son obéissance que *la hanifiyah* la voie religieuse d'Ibrâhim, consiste à adorer Allah seul en lui vouant un culte sincère, de manière exclusive.

Et c'est cela qu'Allah a imposé à tous les êtres humains et c'est la raison pour laquelle Il les a créés.

Comme Allah ﷻ dit :

﴿ وَمَا خَلَقْتُ ٱلْجِنَّ وَٱلْإِنسَ إِلَّا لِيَعْبُدُونِ ﴾

« Et Je n'ai créé les djinns et les humains que pour qu'ils M'adorent » *[Adh-Dhâriyât ; 56]*

Le sens de : « qu'ils M'adorent » (*liya'budûn*) est : « *Qu'ils m'unifient* » (*liyuwahhidûni*). Car la chose la plus importante (des choses) qu'Allah a ordonné de réaliser c'est l'unicité (*at-tawhîd*) qui consiste à L'adorer (Allah) de manière exclusive. Et la pire des choses qu'Allah a interdites c'est le polythéisme (*Al-Chirk*) et c'est le fait d'adorer un autre avec Allah. La preuve de cela réside dans la parole d'Allah ﷻ :

﴿ وَٱعْبُدُوا۟ ٱللَّهَ وَلَا تُشْرِكُوا۟ بِهِۦ شَيْـًٔا ﴾

« Adorez donc Allah et ne Lui associez rien » *[An-Nissâ ; 36]*

Ce paragraphe détaille et clarifie la *hanifiyah*, la religion du prophète Ibrâhîm ﷺ *(le prophète Abraham)*, la voie religieuse sur laquelle il a cheminé.

Comme Allah nous dit dans le Qur'ân :

﴿ ثُمَّ أَوْحَيْنَآ إِلَيْكَ أَنِ ٱتَّبِعْ مِلَّةَ إِبْرَٰهِيمَ حَنِيفًا ۖ وَمَا كَانَ مِنَ ٱلْمُشْرِكِينَ ﴾

« Puis Nous t'avons révélé : Suis la religion d'Abraham qui était voué exclusivement à Allah et n'était point du nombre des associateurs (polythéisme). » *[An-Nahl ; 123]*

Et Allah nous dit également :

﴿ مَا كَانَ إِبْرَٰهِيمُ يَهُودِيًّا وَلَا نَصْرَانِيًّا وَلَٰكِن كَانَ حَنِيفًا مُّسْلِمًا وَمَا كَانَ مِنَ ٱلْمُشْرِكِينَ ﴾

« Abraham n'était ni Juif ni Chrétien. Il était entièrement soumis à Allah (Musulman). Et il n'était point du nombre des associateurs (polythéistes). » *[Al 'Imrân ; 67]*

La hanifiyah c'est donc la voie religieuse du prophète Ibrâhîm ﷺ, et Al-hanîf (celui qui pratique *la hanifiyah*) c'est celui qui se détourne de la voie qui mène à l'égarement, c'est celui qui s'écarte de cette voie qui mène à l'égarement pour prendre la voie de la guidance.

Le *hanîf*, c'est celui qui se détourne de la voie qui mène à la perdition par son cœur, son corps, son âme et tout ce qui le concerne pour cheminer sur la voie droite, le chemin de la rectitude, ce chemin qui a été révélé au prophète Muhammad ﷺ et pour lequel il a été envoyé.

La *hanifiyah* c'est la rectitude dans l'obéissance d'Allah, par nos paroles, nos actes et notre croyance :

قَوْلاً وَعَمَلاً وَاعْتِقَاداً

Et nous pouvons dire également que la *hanifiyah* c'est ce qu'Allah a imposé à tous les prophètes, du premier jusqu'au dernier, de Nûh ﷺ (Noé) le premier d'entre eux, à Muhammad ﷺ, par lequel s'est clôturée la prophétie, et qui est le plus noble d'entre eux. Et on voit ici que l'appel des prophètes, la prédication de tous les Messagers sont un seul et même message, ils ont tous appelé à la même chose (et ceci sera détaillé dans les prochaines séances inchallah).

Allah nous dit dans le Qur'ân :

﴿ وَمَآ أُمِرُوٓاْ إِلَّا لِيَعۡبُدُواْ ٱللَّهَ مُخۡلِصِينَ لَهُ ٱلدِّينَ حُنَفَآءَ وَيُقِيمُواْ ٱلصَّلَوٰةَ وَيُؤۡتُواْ ٱلزَّكَوٰةَۚ وَذَٰلِكَ دِينُ ٱلۡقَيِّمَةِ ﴾

« Il leur a été seulement ordonné d'adorer Allah, Lui vouant un culte exclusif, d'accomplir la Salat et d'acquitter la Zakat. Telle est la religion de droiture.» *[Al Bayinah ; 5]*

Et Allah nous dit également :

﴿ إِنَّ إِبۡرَٰهِيمَ كَانَ أُمَّةً قَانِتًا لِّلَّهِ حَنِيفًا وَلَمۡ يَكُ مِنَ ٱلۡمُشۡرِكِينَ ﴾

« Abraham était un guide (Umma) parfait. Il était soumis à Allah, voué exclusivement à Lui et il n'était point du nombre des associateurs (polythéistes).» *[An-Nahl ; 120]*

Ainsi la *hanifiyah*, en un mot, c'est le *tawhîd*, l'unicité d'Allah ! La quintessence de la *hanifiyah* c'est l'unicité d'Allah, *tawhîdul-Llah* c'est unifier Allah dans nos actes d'adoration et c'est la raison pour laquelle Allah nous a créés et nous a fait exister.

Comme nous le dit Allah :

﴿ وَمَا خَلَقْتُ ٱلْجِنَّ وَٱلْإِنسَ إِلَّا لِيَعْبُدُونِ ۝٥٦ مَآ أُرِيدُ مِنْهُم مِّن رِّزْقٍ وَمَآ أُرِيدُ أَن يُطْعِمُونِ ۝٥٧ إِنَّ ٱللَّهَ هُوَ ٱلرَّزَّاقُ ذُو ٱلْقُوَّةِ ٱلْمَتِينُ ۝٥٨ ﴾

« Je n'ai créé les djinns et les hommes seulement pour qu'ils M'adorent. Je ne cherche pas d'eux une subsistance ; et Je ne veux pas qu'ils me nourrissent. En vérité, c'est Allah qui est le Grand Pourvoyeur, Le Détenteur de la force, l'Inébranlable. »
[Adh-Dhariyat ; 56, 57, 58]

Allah ﷻ ne nous a pas créé pour qu'on s'amuse ou qu'on se divertisse dans cette vie d'ici-bas, il ne nous a pas créé dans le but qu'on assouvisse tous nos désirs, Allah ne nous a pas créé pour qu'on donne libre court à toutes nos pulsions.

Comme nous dit le shaykh Ibn Bâz رحمه الله :

﴿ وَمَا خَلَقْتُ ٱلْجِنَّ وَٱلْإِنسَ إِلَّا لِيَعْبُدُونِ ﴾

« Je n'ai créé les djinns et les hommes seulement pour qu'ils M'adorent.» *[Adh-Dhâriyat ; 56]*

C'est-à-dire : Je n'ai créé les Djinns et les Hommes seulement pour qu'ils m'unifient dans leurs actes d'adoration, et qu'ils me la réservent entièrement, exclusivement ! Par l'accomplissement des obligations, et le délaissement des interdits.

Allah nous a seulement et uniquement créés pour une mission grandiose, une fonction importante, considérable dont peu de gens ont conscience, peu de gens l'ont compris et ceux qui n'ont pas conscience de cela sont semblables aux bestiaux et même pires encore, comme nous en a informé Allah quand il nous dit :

﴿ إِنْ هُمْ إِلَّا كَٱلْأَنْعَٰمِ ۖ بَلْ هُمْ أَضَلُّ سَبِيلًا ﴾

« Ils ne sont, en vérité, comparables qu'à des bestiaux. Ou plutôt, ils sont plus égarés encore du sentier.» *[Al Furqân ; 44]*

Allah les a décrits comme étant comparable à des bestiaux, même pire encore !

Et le croyant véritable c'est celui qui a conscience de la cause de sa création, c'est celui qui a compris pourquoi Allah l'a créé et l'a tiré du néant pour le faire exister !

Allah nous a créés pour qu'on l'adore de manière exclusive, en cheminant sur la voie droite sans excès ni manquement, sans exagération ni laxisme.

C'est pour cela qu'Allah nous dit dans le Qur'ân :

﴿ وَمَا خَلَقْتُ ٱلْجِنَّ وَٱلْإِنسَ إِلَّا لِيَعْبُدُونِ ﴾

« Je n'ai créé les djinns et les hommes seulement pour qu'ils M'adorent. »

C'est-à-dire : pour qu'ils m'unifient. Je n'ai créé les djinns et les hommes seulement à cette fin.

Ainsi, Allah a créé les serviteurs pour qu'ils mettent en pratique le *tawhîd*, qui est le fait d'unifier Allah dans l'adoration, et unifier Allah dans l'adoration c'est purifier son adoration de toute souillure, de toute impureté liée au polythéisme (*al-shirk*), à l'innovation (*al bid'ah*), et aux péchés (*al ma'âsy*) ; tu purifies ton cœur, ton corps et ton âme pour Allah ﷻ.

Tu ne t'accroches à personne d'autre en dehors de Lui, si tu invoques, n'invoque qu'Allah seul, si tu cherches le secours ne le recherche qu'auprès d'Allah seul et de personne en dehors de Lui, si tu demandes un soutien, demande le à Allah seul, ne crains qu'Allah ! N'aie de crainte que pour Allah, ne place tes espoirs qu'en Allah seul, ne cherches protection qu'auprès d'Allah, ne cherche pas protection auprès d'un saint, ou d'un serviteur pieux mort et enterré, ni auprès de *fulan* ou *fulan*, untel ou untel.

Que ta crainte, ton espérance ne soient liées qu'à Allah et de même pour le reste de tes adorations et tout cela sans manquement ni exagération, sans laxisme, ni excès.

Le *tawhîd* c'est le fait d'unifier Allah dans nos actes d'adoration, dans Ses Noms et Ses Attributs et dans Sa Seigneurie, dans le fait de reconnaitre qu'Il est Le Seul à mériter l'adoration, Le Seul Gouverneur dans Son royaume, de ce fait nous devons suivre la voie de son Prophète ﷺ et ce dans toute chose !

Le *tawhîd*, le monothéisme, ce n'est pas le simple fait de reconnaitre qu'Allah est le Seigneur de l'univers, comme le pensent les soufis, pour qui le *tawhîd* est une seule chose, ils ne reconnaissent qu'une seule catégorie du *tawhîd* : le *tawhîd* de la seigneurie seulement (c'est-à-dire qu'ils reconnaissent qu'Allah est le Seigneur, le Créateur, Celui qui donne la vie et la mort). Mais en ce qui concerne l'unicité d'Allah dans l'adoration, *tawhîdul ulûhiyyah*, ils ont tout confondu, ils sont dans la confusion la plus extrême et la plus stupéfiante, ils ont dévié du chemin divin, et ils commettent le polythéisme, ils adorent autre qu'Allah ﷻ, vu qu'ils s'accrochent aux chefs de leurs congrégations soufies. Ils s'accrochent à eux corps et âme en dehors d'Allah, ils ont rattaché leurs espoirs, leurs craintes, leurs demandes de protection, leurs demandes d'aide, leurs demandes de secours aux chefs de leurs congrégations en dehors d'Allah ﷻ.

Et le fait de s'accrocher corps et âme à untel ou untel ne fait pas partie de l'islam. Le seul à qui on doit s'accrocher corps et âme c'est Allah, Allah Seul !

Et vu que le Prophète ﷺ qui est notre maitre, et le maitre des premières et des dernières générations nous a interdit de nous accrocher à Lui ou à tout autre en dehors d'Allah.

Alors que penser de celui ou de celle qui va s'accrocher a une personne d'un rang inférieur à celui du Prophète ﷺ ou qui va invoquer une personne d'un rang inférieur à celui du Messager d'Allah ﷺ.

Comme nous l'avons vu dans nos cours précédents :

Il nous est interdit d'invoquer le Prophète ﷺ, ou de chercher secours auprès de lui, ou de lui destiner quelque acte d'adoration que ce soit car l'adoration tout entière appartient à Allah !

Alors que dire de celui qui va invoquer ou effectuer des actes d'adoration pour une personne inférieure en rang au Prophète ﷺ ?

Si c'est interdit pour le Messager d'Allah ﷺ par extension, c'est interdit pour tout autre que lui.

L'adoration est le droit exclusif d'Allah et c'est un point d'une importance extrême ! On ne doit s'accrocher qu'à Allah Seul.

Et le *shirk* (le polythéisme) c'est le contraire du *tawhîd* et c'est le fait d'invoquer autre qu'Allah, c'est le fait d'adorer autre qu'Allah par les actes ou les paroles !

Et comme nous dit le shaykh Ibn 'Uthaymîn رحمه الله : la chose la plus importante qu'Allah ai interdite est le polythéisme (*al-shirk*), car le *tawhîd* est le plus grand des droits d'Allah et quiconque transgresse ce droit aura transgressé le plus important des devoirs.

Et Allah nous dit dans le Qur'ân :

﴿ إِنَّ ٱللَّهَ لَا يَغۡفِرُ أَن يُشۡرَكَ بِهِۦ وَيَغۡفِرُ مَا دُونَ ذَٰلِكَ لِمَن يَشَآءُۚ
وَمَن يُشۡرِكۡ بِٱللَّهِ فَقَدِ ٱفۡتَرَىٰٓ إِثۡمًا عَظِيمًا ﴾

« Certes Allah ne pardonne pas qu'on Lui donne quelque associé. À part cela, Il pardonne à qui Il veut. Mais quiconque donne à Allah un associé commet un énorme péché.»

[An-Nissâ ; 48]

Le *shirk* (le polythéisme) : c’est le fait d’adorer autre qu’Allah, c’est le fait d’invoquer autre qu’Allah ﷻ, quel que soit ce type d’invocation ! Et nous expliquerons ce qu’est une invocation et nous détaillerons les types et les catégories d’invocations dans nos prochaines séances إن شاء الله.

بِسْمِ ٱللَّهِ ٱلرَّحْمَٰنِ ٱلرَّحِيمِ

Bismillâhi r-rahmâni r-rahîm

Si on te demande : quelles sont les trois bases fondamentales qu'il est obligatoire à l'homme de connaître ? Réponds alors : le serviteur doit connaître son Seigneur, sa Religion ainsi que son Prophète Muhammed ﷺ.

COMMENTAIRES

Après avoir clarifié les points essentiels, fondamentaux à l'explication et la compréhension du livre *« al-usûl ath-thalâthah »* tel que les quatre notions qu'il est nous obligatoire de connaître (à savoir : la science, la mise en pratique, la prédication *« ad-da'wah »* et la patience). L'auteur a ajouté trois points essentiels dont la connaissance est obligatoire à tout muslim et à toute muslimah. Puis il a clarifié, mis en évidence le socle, la base sur laquelle tout repose, à savoir le *tawhîd.* Il a démontré ce qui s'y oppose, c'est-à-dire le *shirk*, le polythéisme, avec des preuves.

L'auteur commence à présent l'explication *d'al-usul ath-thalâthah* (les trois fondements) qui sont les trois premières choses sur lesquelles sera interrogé le serviteur dans sa tombe.

Dans la tombe, le serviteur sera interrogé en premier lieu sur ces trois points essentiels, à savoir : Qui est ton seigneur ? Quelle est ta religion ? Qui est ton prophète ? Ces trois notions sont les bases de l'Islâm, les bases de la religion au sujet desquelles le serviteur sera questionné au jour de la résurrection *(Yawm Al Qiyâmah)*.

Tu ne seras pas interrogé au sujet des « châteaux » ou des « édifices », ni au sujet de cette *dunyiah* et des choses éphémères qu'elle contient. Tu ne seras pas interrogé au sujet de cette vie d'ici-bas et des choses temporelles et périssables qu'elle contient, **non !!**

Les premières des questions qui te seront posées porteront sur ces trois choses !

Car le muslim qui aura assimilé, qui aura compris ces trois points, et les aura mis pleinement en pratique, leur donnant tous leurs droits, et qui aura agi conformément à ce qu'ils impliquent, sera préservé dans cette vie d'ici-bas et dans celle de l'au-delà.

Et nous disons : « le muslim qui aura compris et agit conformément à ce qu'impliquent ces trois points » ; car il n'est pas nécessaire qu'il les connaît ici-bas s'il ne les met pas en application, ceci n'a aucune valeur, de même s'il connaissait ces points ici-bas, mais qu'il n'y avait pas cru d'une foi correcte ni agi conformément à ce qu'implique la foi correcte, ceci n'aurait eu aucune valeur.

C'est la première des choses au sujet de laquelle le serviteur sera interrogé quand se présenteront à lui les deux anges *Munkir* et *Nakîr* ; ils le feront s'asseoir et ils l'interrogeront :

Qui est ton seigneur ? Quelle est ta religion ? Qui est ton prophète ?

S'il répond correctement à ces questions alors ses réponses aux autres questions qui suivront lui seront facilitées. Quant à celui qui ne saura pas répondre correctement à ces questions ou qui aura été négligent quant aux droits qu'impliquent ces trois notions... Il hésitera... Il bafouillera... Dans tout le reste.

Ainsi, ces trois points sont les bases de l'Islâm, les bases de la foi, les bases du *tawhîd,* les bases de la religion entière ;

مَنْ رَبُّكَ ؟ مَا دِينُكَ ؟ وَمَنْ نَبِيُّكَ ؟

De nos jours, parmi les musulmans, certaines personnes sont préoccupées par d'autres sujets : bien qu'il s'agisse de sujets qui concernent l'Islâm, ils ont cependant délaissé le plus important ; ils ont délaissé le *tawhîd*, qui est le socle sur lequel tout repose ! Le *tawhid* est le socle sur lequel repose la religion ! Et ces gens l'ont délaissé.

Aujourd'hui, certains groupes, certaines sectes se préoccupent de ce qui est en rapport avec les actes d'adoration. Cependant, ils ne se préoccupent ni de la sincérité exclusive pour Allah, ni du suivi du Prophète ﷺ dans les actes d'adoration. De ce fait, ils n'ont pas mis en pratique ce qu'implique la connaissance d'Allah, celle de son Prophète ﷺ et celle de l'Islâm. Ils n'ont pas réalisé non plus que leurs actes n'avaient aucune valeur.

D'autres groupes vont se concentrer sur l'aspect politique, et on va les entendre dire : « Nous, notre souci aujourd'hui, c'est d'établir l'état islamique dans les pays musulmans qui ne jugent pas selon les lois de l'Islâm »... Très bien ! Mais sur quoi va reposer votre état islamique ? Avec quoi allez-vous établir votre état islamique ? Allez-vous l'établir avec les *quburiyyines* (les adorateurs de tombes) ? Allez-vous fonder votre état islamique avec ces gens qui ne font pas la différence entre le Seigneur et les serviteurs ? Ou encore, avec ceux qui sont les ennemis des *Sahâbah* (les compagnons) ? Ceux qui propagent la haine au sujet des nobles Compagnons du Prophète ﷺ, comme les chiites [الرافضة] et leurs semblables ?

Non ! Bien sûr que non ! Dans ces conditions, il n'est pas possible d'établir un état islamique ! Et ce ne sera jamais possible, que ce soit aujourd'hui ou demain, dans ces conditions, c'est impossible !

Tu dois commencer par la base ! Ces premières choses au sujet desquelles tu seras interrogé au jour de la résurrection.

Quand on t'introduira dans ta tombe on ne te demandera pas : « Quel est donc cet état islamique auquel tu as songé ? »

Comment établirais-tu cet état islamique auquel tu songes alors qu'il ne te vient même pas à l'esprit de l'établir sur une base correcte...

T'est-il possible d'établir, de fonder cet état sur autre que des bases correctes ?

Non ! Ceci n'est pas possible.

Aussi, c'est pourquoi nous disons aux frères qui souhaitent s'engager dans cette *da'wah* de débuter par le plus important puis de faire suivre par le reste, du plus important au moins important.

Il se peut qu'une personne dise : « vous, avec vos questions sur quels sont les trois fondements, qui est ton seigneur, quelle est ta religion, qui est ton prophète… Par vos questions, vous abrutissez les gens ! C'est comme si vous les rendiez tous mécréants ! C'est comme si vous les considériez comme n'étant pas musulmans ! »

Nous lui répondons : « non mon frère ! Personne ne dit cela ! Nous, nous disons aux musulmans : commencez par les choses avec lesquelles Allah a commencé, débutez par les choses avec lesquelles Allah a débuté ! »

Tu te présentes à des gens qui ne font pas la différence entre le *tawhid* et le *shirk* ! Est-ce avec ceux-là que tu veux établir un état islamique ?

C'est pour cela que chez ces personnes qui cherchent à fonder un état islamique en se basant sur autre chose que sur des bases correctes, les ténèbres de l'ignorance ne vont qu'en augmentant !

Ainsi, certains parmi eux, lorsqu'ils s'emparent du pouvoir, tu les vois faire des concessions et renoncer à beaucoup de choses de la religion, dans l'optique de satisfaire les gens.

« Le plus important pour eux c'est que les gens soient satisfaits d'eux, même s'ils doivent renoncer à certaines obligations religieuses pour cela ». Ils vont accepter par exemple de faire des concessions concernant le voile de la femme musulmane, ils vont renoncer aux peines légales prescrites dans la législation islamique (comme pour le voleur, le fornicateur, le buveur d'alcool...), etc....

Certains d'entre eux, quand ils ont eu la victoire ou senti que la victoire était proche, se sont mis à dire : « pour que le peuple soit satisfait de nous, pour que les gens soient contents de nous, nous renonçons au port de la barbe, nous acceptons de ne pas séparer les filles et les garçons dans les salles de classe, etc. »

Mais quel est donc cet état islamique que vous souhaitez mettre en place ? Ô serviteurs d'Allah ! Quel est donc cet état islamique que vous désirez instaurer ?

La cause de cette manière d'agir c'est que ces gens-là, dès le début, ne se sont pas appuyés sur les fondements, ces mouvements islamiques n'ont pas été fondés sur des bases saines, ils n'ont pas été fondés sur la pure unicité d'Allah [تَوْحِيدُ اللهِ الخَالِص]. C'est pour cette raison que ces mouvements sont prêts à renoncer et à abandonner certaines obligations religieuses telles que le voile de la femme, les sanctions religieuses concernant certains péchés, etc. Dans le seul but de s'attirer la satisfaction des gens.

Allah dit dans le Qur'ân :

﴿ وَلَن تَرْضَىٰ عَنكَ ٱلْيَهُودُ وَلَا ٱلنَّصَـٰرَىٰ حَتَّىٰ تَتَّبِعَ مِلَّتَهُمْ ﴾

« Ni les juifs, ni les chrétiens ne seront satisfaits de toi jusqu'à ce que tu suives leur voie » *[Al Baqarah ; 120]*

De ce fait, la connaissance de ces bases fait partie des choses les plus importantes qui soient. Par Allah !

Beaucoup de gens, si tu les interroges sur le sens de « *lâ illâ ilâha Allah* » ils ne sauront pas répondre correctement (et nous verrons en détail ce que signifie cette parole dans nos prochains cours, inchâ Allah). Ainsi, certains vont te dire que ça signifie que rien n'existe si ce n'est Allah... Et cette réponse est fausse ! Allah existe et toi aussi tu existes ! Est-ce que maintenant ton existence et celle d'Allah sont identiques ? Non ! Bien sûr que non !

« Lâ ilâha illâ Allah » signifie : nul ne mérite, en vérité, d'être adoré (de droit) sauf Allah !

Nul ne mérite l'adoration en vérité sauf Allah ! *« Lâ ma'bûd bi haqq illâ Allah ».*

Le sens de cette parole, *« lâ ilâha illâ Allah »*, n'est pas celui que lui donnent certains groupes parmi les innovateurs (faire sortir du cœur la mauvaise certitude pour la remplacer par la certitude correcte au sujet d'Allah), car le sens de ceci implique le panthéisme (*wahdatul wûjûd*) ; ce qui revient à dire qu'Allah est TOUT, qu'Allah est toute chose, et que toute chose est Allah !! Comme le disait *Ibn 'Araby* le soufi, le mystique égaré qui a dit :

« Le serviteur est le Seigneur et le Seigneur est le serviteur ». والعياذ بالله

Qu'Allah nous préserve de ce genre d'égarement !...

Aussi, le point le plus important est le *tawhîd* et ses bases, ne méprisez donc pas ces choses ! Ne méprisez pas ces notions !

On trouve des jeunes un peu trop passionnés, fanatiques, qui nous disent : « nous, aujourd'hui, notre souci c'est de créer un état islamique ! ». Mais si on leur demande : Qui est ton Seigneur ? (*Man rabbuk* ?) Quelle est ta religion ? (*Mâ dînuk* ?) Quel est ton prophète ? (*Man nabiyyuk* ?) Qu'est-ce que le monothéisme ? (*Mâ at-tawhîd* ?) Qu'est-ce que le polythéisme ? (*Mâ al-shirk* ?) Quels sont les attributs et les noms d'Allah ? (*Mâ al asmâ wa s̲ifât ?*) Etc. Ils se sentent alors mal, incapables de répondre...

Ils n'ont même pas conscience que tous les égarements que l'on retrouve dans les sociétés musulmanes sont dus à l'ignorance de ces bases de la religion, à la méconnaissance des fondements de l'Islâm ! Et les gens n'ont abandonné la religion qu'après que le *tawhîd* ait faibli dans leurs cœurs. La religion tout entière sera alors abandonnée et les gens renonceront à ses préceptes les uns après les autres.

Comme a dit ʻOmar Ibnu-l-Khattâb ﵁ :

تُنْقَضُ عُرَى الإِسْلامِ عُرْوَةٌ عُرْوَةٌ إِذَا نَشَأَ فِي الإِسْلامِ مَنْ لا يَعْرِفُ الجاهِلِيَّةَ

« Tunqadhu ʻurâ al Islâm ʻurwa ʻurwa idhâ nacha'a fî-l-Islâm man lâ yaʻrif al jâhilyyah »

« Les liens de l'Islâm se détacheront tous, un à un, quand naîtront dans l'Islâm des gens qui ne connaissent pas la jâhiliyyah (la période de l'ignorance, antéislamique). »

Fin de la traduction

(bonus)

Comme nous dit le Shaykh ʻAbdel ʻAzîz Al Râjihî :

Le musulman doit prendre garde et chercher à connaitre ce qu'est le *shirk* ; ce qu'est le polythéisme, quelles sont ses catégories, ainsi que les causes qui peuvent y mener et les moyens qui peuvent y faire sombrer l'individu.

Le musulman doit prendre garde et se doit de chercher à connaitre tout cela pour s'en prémunir, afin de ne pas tomber dans le *shirk* sans même s'en rendre compte.

Et c'est pour cela que ʻOmar, le calife bien guidé ﵁ a dit : *« les liens de l'Islâm se détacheront tous, un à un, quand naîtront dans l'Islâm des gens qui ne connaissent pas la jâhiliyyah (la période de l'ignorance) ».*

C'est-à-dire qu'une personne peut tomber dans le polythéisme (*shirk*) sans même en prendre conscience, sans même le savoir. Cette personne est née et a grandi dans l'Islâm, ses parents sont musulmans, elle a vu les gens prier, jeûner, accomplir le *Hajj* (pèlerinage) mais elle ne connaît pas le *shirk*, elle ne sait pas ce que c'est. Cette personne ignore ce point. De fait, il est possible qu'elle tombe dans le *shirk*, au contraire des *Sahâba* (les compagnons du Prophète ﷺ) qui avaient connu, eux, le *shirk*, puisqu'ils étaient eux-mêmes polythéistes avant de connaitre l'Islâm. C'est pourquoi ils ne pouvaient pas retomber dans les pièges du polythéisme, car ils l'avaient déjà expérimenté, ils avaient goûté à son goût amer auparavant et étant donné qu'ils avaient connu le *shirk* sous toutes ses formes avant qu'Allah les ait guidés à l'Islâm. Allah les a alors gratifiés de la foi. Par conséquent, ils ne retombèrent plus dans *le shirk.* Voilà pourquoi les Sahâba sont plus complets au niveau de la foi, de la science, de la piété et de la crainte pieuse d'Allah (taqwah Allahi ﷻ) que leur propre descendance.

Les Sahâba ont connu le shirk sous toutes ses facettes, et tous ses types, ils ont goûté à son amertume, ils l'ont vécu. De ce fait, ils ne risquaient plus de le commettre, à l'inverse de ceux qui sont venus après eux, dont certains qui ne connaissent pas le polythéisme ni ses catégories sont les plus entrain à commettre des actes qui relèvent du polythéisme, inconsciemment, comme les gens de notre époque qui adorent les tombeaux ou ceux qui tournent autour des tombes des saints et des pieux... Que l'on retrouve pratiquement dans tous les pays musulmans (à part quelques exceptions).

Source : « Kashf al Shubuhâte »

بِسۡمِ ٱللَّهِ ٱلرَّحۡمَٰنِ ٱلرَّحِيمِ

Bismillâhi r-rahmâni r-rahîm

Et si on te demande : Qui est ton Seigneur ? Réponds alors : mon Seigneur est Allah qui m'a éduqué ainsi que tout l'univers par Ses bienfaits. Il est Celui que j'adore ; je n'adore personne en dehors de Lui. La preuve réside dans la parole d'Allah :

﴿ ٱلۡحَمۡدُ لِلَّهِ رَبِّ ٱلۡعَٰلَمِينَ ﴾

« Louange à Allah, Seigneur de l'Univers » *[Al FâtiHah ; 2]*

L'univers, c'est toute chose autre qu'Allah, et je suis un élément de cet univers.

Si on te demande ensuite : comment as-tu connu ton Seigneur ? Réponds : par Ses signes et Ses créatures. Parmi Ses signes, il y a la nuit et le jour, le soleil et la lune. Et parmi Ses créatures, il y a les sept cieux et les sept terres, ce qu'ils contiennent et ce qu'il y a entre eux.

La preuve se trouve dans la parole d'Allah :

﴿ وَمِنۡ ءَايَٰتِهِ ٱلَّيۡلُ وَٱلنَّهَارُ وَٱلشَّمۡسُ وَٱلۡقَمَرُۚ لَا تَسۡجُدُواْ لِلشَّمۡسِ وَلَا لِلۡقَمَرِ
وَٱسۡجُدُواْ لِلَّهِ ٱلَّذِي خَلَقَهُنَّ إِن كُنتُمۡ إِيَّاهُ تَعۡبُدُونَ ﴾

« Parmi Ses merveilles, sont la nuit et le jour, le soleil et la lune, ne vous prosternez ni devant le soleil, ni devant la lune,

mais prosternez-vous devant Allah qui les a créés, si c'est Lui que vous adorez » *[Fussilat ; 37]*

Ainsi que Sa parole :

﴿ إِنَّ رَبَّكُمُ ٱللَّهُ ٱلَّذِى خَلَقَ ٱلسَّمَٰوَٰتِ وَٱلْأَرْضَ فِى سِتَّةِ أَيَّامٍ ثُمَّ ٱسْتَوَىٰ عَلَى ٱلْعَرْشِ يُغْشِى ٱلَّيْلَ ٱلنَّهَارَ يَطْلُبُهُۥ حَثِيثًا وَٱلشَّمْسَ وَٱلْقَمَرَ وَٱلنُّجُومَ مُسَخَّرَٰتٍۭ بِأَمْرِهِۦٓ ۗ أَلَا لَهُ ٱلْخَلْقُ وَٱلْأَمْرُ ۗ تَبَارَكَ ٱللَّهُ رَبُّ ٱلْعَٰلَمِينَ ﴾

« ***Votre Seigneur, c'est Allah qui a créé les cieux et la terre en six jours, puis S'est établi sur le Trône. Il couvre le jour de la nuit qui poursuit celui-ci sans cesse. Le soleil, la lune et les étoiles sont soumis à Son commandement. La création et le commandement n'appartiennent qu'à Lui. Gloire à Allah, Seigneur de l'univers !*** ». *[Al A'râf ; 54]*

De plus *Ar-Rabb* (le Seigneur) c'est celui qu'on adore. La preuve réside dans la parole d'Allah :

﴿ يَٰٓأَيُّهَا ٱلنَّاسُ ٱعْبُدُوا۟ رَبَّكُمُ ٱلَّذِى خَلَقَكُمْ وَٱلَّذِينَ مِن قَبْلِكُمْ لَعَلَّكُمْ تَتَّقُونَ ﴿٢١﴾ ٱلَّذِى جَعَلَ لَكُمُ ٱلْأَرْضَ فِرَٰشًا وَٱلسَّمَآءَ بِنَآءً وَأَنزَلَ مِنَ ٱلسَّمَآءِ مَآءً فَأَخْرَجَ بِهِۦ مِنَ ٱلثَّمَرَٰتِ رِزْقًا لَّكُمْ ۖ فَلَا تَجْعَلُوا۟ لِلَّهِ أَندَادًا وَأَنتُمْ تَعْلَمُونَ ﴿٢٢﴾ ﴾

« ***Ô hommes ! Adorez votre Seigneur qui vous a créés, vous et ceux qui vous ont précédés, ainsi atteindrez-vous la piété. C'est Lui qui vous a fait la terre pour lit et le ciel pour toit, qui précipite la pluie du ciel et par elle fait pousser toutes sortes de fruits pour vous nourrir. Ne lui donnez donc pas d'égaux, alors que vous savez*** ». *[Al Baqarah ; 21, 22]*

Et Ibn Kathîr a dit : « ***Celui qui a créé ces choses est le seul digne d'adoration*** ».

Ainsi si on te demande qui est ton seigneur : Le Seigneur c'est le Créateur, l'éducateur et c'est le Seul qui mérite qu'on l'adore, et il s'agit d'Allah ﷻ. C'est Lui qui nous a éduqués par Ses bienfaits et nous n'avons en dehors de Lui nulle divinité qui mérite qu'on l'adore.

Et comme le dit al-Shaykh As-Sa'dî ﵀ : le Seigneur c'est Celui qui a pris soin des créatures, de l'univers, par le fait de les avoir créés et d'avoir mis à leur disposition des moyens et de leur avoir prodigué des bienfaits énormes, sans lesquels elles n'auraient pu subsister. Tous les bienfaits que les créatures possèdent proviennent d'Allah ﷻ.

Et les soins apportés par Allah à Ses créatures sont de deux sortes : des soins généraux et des soins spécifiques :

Les soins généraux : c'est d'avoir créé toutes les créatures et d'avoir pourvu à leur subsistance et de les avoir guidées vers ce qui est bon pour elles afin qu'elles puissent survivre ici-bas.

Les soins spécifiques : ils sont, quant à eux, réservés aux alliés d'Allah *(et comme disent les gens de science : « les alliés d'Allah sont ceux qui pratiquent l'Islâm authentique, que ce soit dans la croyance, le suivi de la Sunnah et le bon comportement »)* ; Il les éduque par la foi, il les guide vers la foi faisant en sorte qu'elle se complète en eux, et il éloigne d'eux tout ce qui peut leur être nuisible, ainsi que tout ce qui peut former une barrière entre eux et Lui. (Fin de citation)

Ainsi, Allah nous a éduqués par Ses bienfaits et nous n'avons en dehors de Lui aucune divinité qui mérite qu'on l'adore, Allah est le Seul qui mérite qu'on l'adore et il nous est obligatoire de l'enseigner à nos enfants dès leur plus tendre enfance, dès que l'enfant est en âge de parler nous devons lui enseigner, lui faire répéter : « ***Allah, lâ ilâha illâ Allah, Allahu rabbî*** ».

C'est cela que nous devons lui enseigner et non la musique, c'est cela que nous devons lui enseigner Ô Serviteurs d'Allah !

Nous voyons des enfants qui atteignent l'âge de trois ans, les premières choses qu'ils ont sur leurs lèvres ce sont les noms des chanteurs et des chanteuses, le nom des acteurs et des actrices, dès qu'ils sont en âge de parler les premières choses qu'ils te citent ce sont les noms de ces énergumènes injustes, insolents et néfastes qui sont parmi les pires de la création.

Et cet enfant de trois ans si tu lui demandes : (*man Rabbuk ?*) qui est ton Seigneur ? Il est incapable de répondre.

Et on retrouve ce problème dans beaucoup de sociétés musulmanes, tu leur demandes : (*man rabbuk ?*) qui est ton Seigneur ? Ils sont incapables de répondre !

Par contre si tu leur demandes qui est l'auteur de telle ou telle chanson, ils vont te répondre tout de suite c'est untel ou untel, c'est tel ou tel chanteur...

Et les jeunes grandissent et se développent selon l'éducation qu'ils reçoivent de leurs parents.

Ils ont été éduqués ainsi, tu leur demandes : qui est ton Seigneur ? Ils ne savent pas, tu leur demandes : que peux-tu me citer comme preuves de l'unicité d'Allah ? Ils ne savent pas, tu leur demandes : par quoi as-tu connu ton Seigneur ? Ils ne savent pas quoi répondre, car ils n'ont jamais appris ces choses-là !

Ici en Arabie, ces choses sont enseignées dès le premier niveau d'étude, à l'école primaire, en science du *Tawhîd* ; les premières choses qui sont enseignées sont :

Qui est ton Seigneur ? Quelle est ta Religion ?
Qui est ton Prophète ?

Ces trois notions sont enseignées à l'école primaire en Arabie.

Par Allah ! J'ai constaté que dans la plupart des pays musulmans ces choses ne sont pas enseignées d'autant plus que les enseignements religieux ne sont pas comptabilisés scolairement, ils n'ont pas d'impact sur la scolarité, l'enseignement religieux étant considéré comme étant une matière secondaire et ceci est dû au fait qu'ils ont éloigné la religion de l'état (ils ont séparé l'état et la religion). Ainsi, il est possible qu'un jeune sache qui est Napoléon, qui est Maradona, il est possible qu'il connaisse les stars du football, les stars de la chanson, les stars de la débauche par contre si tu lui demandes : *Man Rabbuk ? Mâ Dînuk ? Man Nabiyyuk ?* Par Allah ! Il est possible qu'il ne sache pas quoi répondre.

Il nous a été rapporté le cas d'un étudiant diplômé dans un pays musulman, il lui fut demandé de lire le début de la Sourate *Al A'râf* et au lieu de lire : ***(alif lâm mîm ssâd)***, il a lu : « ***almassou*** », pareil pour Sourate *Maryam* ; au lieu de lire : ***(kâf ha ya 'ayîn ssâd)***, il a lu : « ***kahay'as*** » ! C'est-à-dire qu'il a lu ces lettres comme étant un seul mot ! Alors qu'il est connu à toute personne qui a un minimum de connaissance religieuse que ces lettres doivent être lues séparément vu qu'elles ne composent pas un mot.

Et la cause de tout cela c'est qu'à la base cette personne était loin de la religion. Cependant si tu l'avais interrogé sur le nom de tel ou tel chanteur arabe ou occidental il n'aurait eu aucun souci à te les citer, il aurait été capable de te les citer un à un.

Aussi il nous est obligatoire d'enseigner à nos enfants dès leur plus jeune âge : *man Rabbuk ? Mâ Dînuk ? Wa man Nabiyyuk ?*

Ce sont les premières choses au sujet desquelles tu seras interrogé dans ta tombe et tu seras questionné sur l'éducation que tu auras donnée à tes enfants. Au jour de la résurrection, on te demandera : as-tu inculqué ces notions à ton enfant : *man rabbouk ? Mâ dînouk ? Wa man nabiyyouk ?*

Dès que les enfants sont en âge d'ouvrir les yeux, on leur présente tels ou tels chanteur ou chanteuse tel ou tel acteur ou actrice, et dès qu'ils sont en âge de parler après papa et maman, les premières choses qu'on va les entendre dire ce sont les noms de ces chanteurs et de ces chanteuses les noms de ces acteurs et de ces actrices, ceux qu'on appelle les artistes « *al fannânûn* »

En arabe le terme artiste se dit *fannân*, et ce terme a deux significations ; *fannân* peut signifier soit un artiste ou soit un âne. *Fannân* est le synonyme de *himâr* (un âne) et il nous dit ces gens ces artistes sont des vrais ânes, ces chanteurs, ces chanteuses, ces acteurs et actrices sont des vrais ânes et l'âne est mieux qu'eux, meilleur qu'eux, car l'âne a une utilité on peut le monter pour se déplacer, il peut porter des charges comme nous dit Allah dans le ***Qur'ân*** :

﴿ وَٱلْخَيْلَ وَٱلْبِغَالَ وَٱلْحَمِيرَ لِتَرْكَبُوهَا وَزِينَةً ۚ وَيَخْلُقُ مَا لَا تَعْلَمُونَ ﴾

« Et les chevaux, les mulets et les ânes, pour que vous les montiez, et pour l'apparat. Et Il crée ce que vous ne savez pas ». *[An-Nahl ; 8]*

Ainsi on voit que les ânes eux ont une réelle utilité au contraire des ânes du show-business dont on ne tire aucun profit, et qui n'ont aucune utilité, ils ne portent aucune charge au contraire des ânes et des mulets et ce sont eux qui sont eux qui sont une charge et un fardeau pour les musulmans et la société.

Ainsi, ne sous-estimez pas, ne méprisez pas ces trois bases et ne dîtes pas comme ces gens qui disent : « Vous, vous ne cessez de répéter ces choses aux gens (c'est-à-dire les trois notions : qui est ton Seigneur, quelle est ta Religion, qui est ton Prophète) mais les gens connaissent ces choses ! »

Par Allah ! Les gens ne connaissent pas ces choses, ils sont juste capables de répondre de manière succincte, les anciens ont entendu leurs pères et leurs grands-pères dirent : Le Seigneur c'est Allah, Allah c'est lui le Seigneur ! Cependant si tu leur demandes qui est Allah ils ne savent pas, tu leur demandes quelles sont les Noms et les Attributs d'Allah ils ne savent pas ! Aussi, nous voyons l'importance de la chose et nous nous devons tout d'abord d'inculquer ces choses à la jeunesse musulmane de manière continuelle, nous devons leur enseigner ces trois notions.

Allah, qu'il Soit Glorifié ﷻ ! C'est Lui le Seigneur, le Seigneur de l'univers. Et la preuve de ceci réside dans une Sourate que nous récitons au minimum dix-sept fois par jour, une Sourate que nous récitons le matin et le soir ; la preuve de ceci réside dans la Sourate *Al Fâtiha* !

﴿ ٱلْحَمْدُ لِلَّهِ رَبِّ ٱلْعَٰلَمِينَ ﴾

« **Louange à Allah Seigneur de l'univers ! »**. *[Al Fâtiha ; 2]*

Si on te demande : « par quoi as-tu connu ton Seigneur ? » Réponds : « par Ses Signes et Sa Création » !

« *Wa fî kulli shay-in Lahu âyat tadullu 'alâ anahu Al Wâhid* » (en chaque chose il y a une preuve que c'est Lui l'Unique). Et comme nous dit Allah :

﴿ إِنَّ رَبَّكُمُ ٱللَّهُ ٱلَّذِى خَلَقَ ٱلسَّمَٰوَٰتِ وَٱلْأَرْضَ فِى سِتَّةِ أَيَّامٍ ثُمَّ ٱسْتَوَىٰ عَلَى ٱلْعَرْشِ يُغْشِى ٱلَّيْلَ ٱلنَّهَارَ يَطْلُبُهُۥ حَثِيثًا وَٱلشَّمْسَ وَٱلْقَمَرَ وَٱلنُّجُومَ مُسَخَّرَٰتٍۭ بِأَمْرِهِۦٓ ۗ أَلَا لَهُ ٱلْخَلْقُ وَٱلْأَمْرُ ۗ تَبَارَكَ ٱللَّهُ رَبُّ ٱلْعَٰلَمِينَ ﴾

« Votre Seigneur, c'est Allah qui a créé les cieux et la terre en six jours, puis S'est établi (istawâ) sur le Trône. Il couvre le jour de la nuit qui poursuit celui-ci sans arrêt. (Il a créé) le soleil, la lune et les étoiles, soumis à Son commandement. La création et le commandement n'appartiennent qu'à lui. Toute gloire à Allah, Seigneur de l'Univers ! ». *[Al A'râf ; 54]*

Étant donné qu'il est le Seigneur, le Créateur, Celui qui donne la vie et la mort, Celui qui accorde ces bienfaits. De ce fait, Il est le Seul qui mérite qu'on l'adore à l'exclusion de tout autre !

Et c'est pour cela qu'Il relie entre ces deux choses quand Il nous dit dans la Sourate *Al baqarah* :

﴿ يَٰٓأَيُّهَا ٱلنَّاسُ ٱعۡبُدُواْ رَبَّكُمُ ٱلَّذِي خَلَقَكُمۡ وَٱلَّذِينَ مِن قَبۡلِكُمۡ لَعَلَّكُمۡ تَتَّقُونَ ٢١ ٱلَّذِي جَعَلَ لَكُمُ ٱلۡأَرۡضَ فِرَٰشٗا وَٱلسَّمَآءَ بِنَآءٗ وَأَنزَلَ مِنَ ٱلسَّمَآءِ مَآءٗ فَأَخۡرَجَ بِهِۦ مِنَ ٱلثَّمَرَٰتِ رِزۡقٗا لَّكُمۡۖ فَلَا تَجۡعَلُواْ لِلَّهِ أَندَادٗا وَأَنتُمۡ تَعۡلَمُونَ ٢٢ ﴾

« Ô hommes ! Adorez votre Seigneur, qui vous a créé vous et ceux qui vous ont précédés. Ainsi atteindriez-vous à la piété. C'est Lui qui vous a fait la terre pour lit, et le ciel pour toit ; qui précipite la pluie du ciel et par elle fait surgir toutes sortes de fruits pour vous nourrir, ne Lui cherchez donc pas des égaux, alors que vous savez (tout cela) ». *[Al Baqara ; 21, 22]*

Observez attentivement comment Allah a tout d'abord débuté par l'adoration !

Et si une personne demande pourquoi est-il Le Seul à mériter l'adoration ? Nous lui répondons : C'est Lui qui a créé les cieux et la terre ainsi que ce qui s'y trouve, c'est Lui qui a assujetti les cieux et la terre, Il a créé pour vous ces choses, c'est Lui qui fait pousser les plantations, Lui qui fait descendre la pluie par laquelle Il fait pousser la végétation, etc. Par conséquent, comme nous dit Allah dans le Qur'ân :

﴿ فَلَا تَجۡعَلُواْ لِلَّهِ أَندَادٗا وَأَنتُمۡ تَعۡلَمُونَ ﴾

« Ne Lui donnez donc pas des égaux, alors que vous savez (tout cela) ! »

Soyez donc attentifs ! Chers frères et sœurs concernant l'éducation de nos enfants. Nous nous devons de leur rappeler ces choses constamment, de leur faire garder à l'esprit ces notions, nous devons leur éclaircir, leur clarifier ces points, nous devons les relier à leur Seigneur, les connecter à leur Seigneur, nous devons les rattacher à Allah qui est leur Seigneur et leur divinité, Le Seul à qui ils doivent vouer leurs adorations, Le Seul à qui ils doivent vouer un culte exclusif. Car c'est certes Lui l'Unique, Le Seul qui mérite qu'on l'adore. Aussi, nous nous devons de faire des efforts.

Par Allah ! Nous nous devons de faire des efforts !

Nous sommes soucieux de l'avenir de nos enfants, nous sommes soucieux qu'ils apprennent ce qui leur sera profitable dans leurs vies. Cependant, leur avons-nous enseigné *tawhîd Allahi l-khâliS* (le monothéisme pur) ? Leur avons-nous enseigné correctement la science du *tawhîd* pur ? Leur avons-nous inculqué les notions relatives à l'unicité d'Allah ? Sans excès, ni manquement, sans exagération ni laxisme ?

Je pense que nous devons reconsidérer la chose, revoir nos négligences et les corriger.

بِسْمِ ٱللَّهِ ٱلرَّحْمَٰنِ ٱلرَّحِيمِ

Bismillâhi r-rahmâni r-rahîm

Les différentes formes d'adoration qu'Allah a ordonnées telles que : ***Al-Islam*** (La soumission), ***Al-Imâne*** (la foi), ***Al-ihsâne*** (l'excellence *dans l'adoration*), ainsi que l'Invocation (***Du'â***), la peur (***Al Khawf***), l'Espoir (***Ar-Rajâ'***), la Confiance (***At-tawakkul***), le désir (**Ar-Raghbah**), l'effroi (***Ar-Rahbah***), le recueillement (***Al-Khuchû'***), la crainte (***Al-Khach-yah***), le retour vers Allah (***Al-Inâbah***), la demande d'aide ***Al-Isti'ânah***), la Demande de refuge (***Al-Istighâthah***), l'imploration de secours (***Al-Isti'âdhah***), le Sacrifice (***Adh-Dhabh***), le serment ou le vœu pieux (***An-Nadhr***) et bien d'autres types d'adoration qu'Allah a ordonné d'accomplir, sont toutes (vouées à) pour Allah ﷻ [toutes se doivent d'être destinées à Allah].

La preuve est la parole d'Allah ﷻ :

﴿ وَأَنَّ ٱلْمَسَٰجِدَ لِلَّهِ فَلَا تَدْعُوا۟ مَعَ ٱللَّهِ أَحَدًا ﴾

« Les mosquées sont consacrées à Allah, n'invoquez donc personne avec Allah » *[Al Djinn ; 18]*

Quiconque destine l'une d'elles à autre qu'Allah, devient polythéiste (*Muchrik)* et mécréant (*kâfir)*.

La preuve est la parole d'Allah ﷻ :

﴿ وَمَن يَدْعُ مَعَ ٱللَّهِ إِلَـٰهًا ءَاخَرَ لَا بُرْهَـٰنَ لَهُۥ بِهِۦ فَإِنَّمَا حِسَابُهُۥ عِندَ رَبِّهِۦٓ إِنَّهُۥ لَا يُفْلِحُ ٱلْكَـٰفِرُونَ ﴾

***« Et quiconque invoque avec Allah une autre divinité, sans avoir la preuve évidente (de son existence), aura à en rendre compte à son Seigneur. En vérité, les mécréants ne réussissent pas. »** [Al Mu'minûn ; 117]*

Et on trouve dans le hadith :

الدُّعاءُ مُخُّ الْعِبَادَةِ

« L'invocation est l'essence de l'adoration ».

La preuve est la parole d'Allah ﷻ :

﴿ وَقَالَ رَبُّكُمُ ٱدْعُونِىٓ أَسْتَجِبْ لَكُمْ ۚ إِنَّ ٱلَّذِينَ يَسْتَكْبِرُونَ عَنْ عِبَادَتِى سَيَدْخُلُونَ جَهَنَّمَ دَاخِرِينَ ﴾

***« Et votre Seigneur dit : invoquez-Moi, Je vous répondrai. Certes, ceux qui par orgueil, se refusent à M'adorer entreront bientôt dans l'Enfer, humiliés. »** [Ghâfir ; 60]*

COMMENTAIRES

Ici il [le cheikh] traite des différents types d'adoration, et l'adoration a été définie comme étant :

اسْمٌ جَامِعٌ لِكُلِّ مَا يُحِبُّهُ اللهُ وَيَرْضَاهُ مِنَ الأَعْمَالِ وَالأَقْوَالِ الظَّاهِرَةِ وَالبَاطِنَةِ

« Un nom général qui englobe tout ce qu'Allah aime et agrée parmi les paroles et les actes, qu'ils soient apparents ou cachés ».

[L'adoration] : C'est un terme général, qui englobe tout ce qu'Allah aime et agrée ; ainsi ne sont donc pas concernées les choses qu'Allah n'aime pas et n'agrée pas que ce soit, le polythéisme *(chirk)* ou les innovations (*bid'a*) et les péchés (*dhunûb*).

Parmi les paroles [qui entrent dans le cadre de l'adoration] il y a : l'invocation (*ad-du'â*), la lecture du ***Qur'ân***, l'*adhân* (l'appel à la prière), la prière (as-salât) et tout ce qui est en rapport à cela.

Parmi les actes apparents, il y a : la *salât* (la prière), le fait de donner (de payer) la *zakât* (l'aumône légiféré), le fait d'accomplir le *hadj* (pèlerinage).

Parmi les actes cachés qui entrent sous la dénomination d'adoration nous pouvons citer : *as-sawm* (le jeûne), la croyance authentique en les piliers connus de la foi [croire en Allah, en Ses anges, en Ses livres, en Ses prophètes, au jour du jugement dernier et au destin, qu'il soit favorable ou non].

L'adoration comporte donc de nombreuses catégories. Et ce que l'auteur a cité ici n'entre pas dans le cadre de la restriction [les formes d'adoration qui existent ne sont pas limitées à ce que le shaykh Mouhammad Ibn 'Abdel Wahhâb a cité].

Que ce soit *al ihsân* (l'excellence dans l'adoration), *al îmân* (la foi), l'*Islâm* (la soumission), *as salât* (la prière), *az zakât* (l'aumône légiférée), *as-sawm* (le jeûne), *al hadj* (le pèlerinage), *al-dhabh* (le sacrifice), *an nadhr* (le serment ou le vœu pieux), la demande d'aide (*al isti'ânah*), la demande de secours (*al istighâthah*), l'invocation (*ad-du'â*), la crainte (*al khach-yah*), le retour à Allah (*al inâbah*), la peur (*al khawf*), l'espoir (*al rajâ'*), et ainsi de suite parmi les nombreuses formes d'adoration qui existent et qui ne sont méritées que par Allah ﷻ.

Et cette adoration se doit d'être destinée exclusivement à Allah Seul.

﴿ وَأَنَّ ٱلْمَسَـٰجِدَ لِلَّهِ فَلَا تَدْعُواْ مَعَ ٱللَّهِ أَحَدًا ﴾

« Les mosquées sont consacrées à Allah, n'invoquez donc personne avec Allah ». *[Al Djinn ; 18]*

Et ce qui est voulu par : « n'invoquez donc personne », c'est n'adorez donc personne avec Allah ﷻ, (*falâ ta'budû ma'â Allah ahadâ*).

C'est pour cela qu'Allah nous informe que quiconque adore autre que Lui ne dispose d'aucune preuve évidente pour le faire, et de ce fait, son acte ne sera pas accepté, comme nous le dit Allah dans le ***Qur'ân*** :

﴿ وَقَدِمْنَآ إِلَىٰ مَا عَمِلُوا۟ مِنْ عَمَلٍ فَجَعَلْنَٰهُ هَبَآءً مَّنثُورًا ﴾

« Nous avons considéré l'œuvre qu'ils ont accomplie et Nous l'avons réduite en poussière éparpillée. » *[Al Furqân ; 23]*

Et Allah nous dit également dans le ***Qur'ân*** :

﴿ وَلَقَدْ أُوحِىَ إِلَيْكَ وَإِلَى ٱلَّذِينَ مِن قَبْلِكَ لَئِنْ أَشْرَكْتَ لَيَحْبَطَنَّ عَمَلُكَ وَلَتَكُونَنَّ مِنَ ٱلْخَٰسِرِينَ ﴾

« En effet, il t'a été révélé, ainsi qu'à ceux qui t'ont précédé : Si tu donnes des associés à Allah, ton œuvre sera certes vaine ; et tu seras très certainement du nombre des perdants. » *[Az-Zummar ; 65]*

Et c'est pour cela que l'auteur a mentionné le verset :

﴿ وَمَن يَدْعُ مَعَ ٱللَّهِ إِلَٰهًا ءَاخَرَ لَا بُرْهَٰنَ لَهُۥ بِهِۦ فَإِنَّمَا حِسَابُهُۥ عِندَ رَبِّهِۦٓ ۚ إِنَّهُۥ لَا يُفْلِحُ ٱلْكَٰفِرُونَ ﴾

« Et quiconque invoque avec Allah une autre divinité, sans avoir la preuve évidente (de son existence), aura à en rendre compte à son Seigneur. En vérité, les mécréants ne réussissent pas. » *[Al Mu'minûn ; 117]*

Car quiconque adore autre qu'Allah est mécréant ! Il est *Kâfir* ! Et le mécréant ne réussit point, le mécréant n'est pas gagnant, le mécréant n'obtient ni la réussite ni la victoire auprès d'Allah ﷻ.

Et là, l'auteur cite le hadith :

الدُّعاءُ مُخُّ الْعِبَادَةِ

« L'invocation est l'essence de l'adoration », mais ce hadith cité sous cette formulation rencontre quelques faiblesses. Cependant, il existe un hadith plus authentique rapporté par l'imâm *at-Tirmidhî*, *« ad-dû'â huwa al 'ibâdah »*, (l'invocation c'est l'adoration en elle-même).

Le premier hadith étant faible, néanmoins, même s'il n'est pas d'une grande faiblesse, il existe un hadith authentique sur lequel il n'y a aucune critique qui est donc celui rapporté par *at-Tirmidhî*, le hadith *sahîh* *« ad-dû'â huwa al 'ibâdah »*, (l'invocation c'est l'adoration en elle-même).

Et l'invocation se divise en deux : l'invocation d'adoration et l'invocation de demande ;

- ***L'invocation d'adoration*** englobe tous les types d'adoration qu'il n'est pas autorisé de destiner à autre qu'Allah ﷻ.
- ***L'invocation de demande*** ; c'est le fait de demander à Allah ﷻ de nous accorder un bien, une chose bénéfique ou d'éloigner de nous un mal, une chose néfaste.

Et l'invocation de demande est comprise et rentre dans l'invocation d'adoration, car l'invocation d'adoration est vaste, et elle englobe toute chose par laquelle on cherche à se rapprocher d'Allah ﷻ.

Et certes, le *chirk*, le polythéisme, s'est propagé dans les deux types d'invocation ; aussi bien dans les invocations d'adoration que dans les invocations de demande. Sauf que les mécréants, les polythéistes anciens, étaient surtout plongés dans le *chirk* relatif à l'invocation d'adoration (ils associaient à Allah dans leurs actes d'adorations) mais ils ne demandaient pas à autre qu'Allah, tandis que les polythéistes de notre époque, en plus du *chirk* qu'ils commettent dans l'invocation d'adoration, ils rajoutent le *chirk* dans l'invocation de demande [c'est à dire en plus des adorations qu'ils destinent à autre qu'Allah, ils demandent à autre qu'Allah de les protéger contre les choses néfastes ou de leur accorder des choses bénéfiques].

Tu trouves un musulman qui témoigne : « *lâ ilaha illâ Allah* » (Il n'est de Dieu qu'Allah), qui témoigne que Muhammad est le Messager d'Allah ﷺ, et [en même temps] qui se tient debout devant une tombe en se mettant à implorer le défunt qui y est enterré ; il se met à lui demander des choses : « Ô untel ! Accorde-moi ceci ou cela ! Ô *Hussayn !* Accorde-moi ton secours ! Ô *Badawy !* Accorde-moi telle ou telle chose ! Ô *Djîlanî !* Ô *Naqchabandî !* Ô *Chazilî !* Ô *Qâdirî !* Ô *Marghanî !* Ô untel ! Ô untel !... Etc. »

Ces pauvres [qui sont morts et enterrés] ne détiennent rien comme faveur pour eux-mêmes ! Comment pourraient-ils faire quoi que ce soit pour autrui ? « *Fâqid al shay-i lâ yu'tih* » : celui qui ne détient pas une chose ne peut la donner ! [Et ce sont eux plutôt qui sont dans la grande nécessité qu'on invoque pour eux, plutôt que leur demander d'accomplir telle ou telle chose dont ils sont incapables !]

Ils ont besoin des invocations de leurs frères musulmans s'ils sont musulmans. Celui d'entre eux qui est musulman a besoin des invocations de ses frères, il incombe aux musulmans d'invoquer pour lui s'il est du nombre des gens de bien, des gens de piété. Quant au fait de l'invoquer ou de lui demander quoi que ce soit, ceci n'est pas permis, et de toutes les manières, même s'ils l'invoquent [ce mort], il ne leur répondra pas, comme le dit Allah ﷻ :

﴿ وَٱلَّذِينَ تَدۡعُونَ مِن دُونِهِۦ مَا يَمۡلِكُونَ مِن قِطۡمِيرٍ ١٣ إِن تَدۡعُوهُمۡ لَا يَسۡمَعُواْ دُعَآءَكُمۡ وَلَوۡ سَمِعُواْ مَا ٱسۡتَجَابُواْ لَكُمۡۖ وَيَوۡمَ ٱلۡقِيَٰمَةِ يَكۡفُرُونَ بِشِرۡكِكُمۡۚ وَلَا يُنَبِّئُكَ مِثۡلُ خَبِيرٖ ١٤ ﴾

« Tandis que ceux que vous invoquez en dehors de Lui ne sont même pas maîtres de la pellicule d'un noyau de datte. Si vous les invoquez, ils n'entendent pas votre invocation ; et même s'ils entendaient, ils ne sauraient vous répondre. Et le jour du Jugement, ils vont nier votre association. Nul ne peut te donner des nouvelles comme Celui qui est parfaitement informé. » *[Fâtir ; 14]*

Ainsi, ils ne sont même pas maîtres d'une pellicule de noyau de datte, ils n'ont même pas sous leur pouvoir cette fine pellicule qui entoure le noyau d'une datte ; donc s'ils n'ont de pouvoir, même sur une fine pellicule de noyau de datte, ils n'ont pas de pouvoir, à plus forte raison, sur une chose qui soit au-dessus de cela, et même en dessous de cela…

Par ailleurs, ils n'entendent pas les invocations et les implorations [qu'on leur fait en dehors d'Allah], comme nous le dit Allah en s'adressant à son Messager ﷺ :

﴿ وَمَآ أَنتَ بِمُسۡمِعٖ مَّن فِي ٱلۡقُبُورِ ﴾

« Tu ne peux faire entendre ceux qui sont dans les tombeaux. » *[Fâtir ; 22]*

Une personne se présente devant la tombe d'un mort, étend sa main en direction de cette tombe et se met à l'implorer en faisant preuve d'humilité, en faisant preuve de recueillement, en inclinant sa tête devant lui... *Wal 'iyâdh billah* (et le refuge est en Allah), ceci est du *chirk* proprement dit !

Du polythéisme caractérisé, ce *chirk* contre lequel Allah a mis en garde les premières et les dernières générations.

Et c'est pour cela que je vous dis : les polythéistes de notre époque sont surtout plongés dans le *chirk* dans l'invocation de demande contrairement aux polythéistes anciens, qui eux, étaient surtout tombés dans le *chirk* relatif à l'invocation d'adoration, c'est-à-dire qu'ils sacrifiaient pour autre qu'Allah, ils formulaient des vœux pieux, des serments pour autre qu'Allah, mais dans la plupart du temps ils n'invoquaient pas ou ne disaient pas par exemple : « Ô *Lât* ! Accorde-moi ma subsistance ! Ô *'Ûzzâ* ! Donne-moi un enfant !... [Les anciens polythéistes ne faisaient pas ce genre de chose], au contraire de ce qui se fait dans cette *jahiliyah* (paganisme) contemporaine ; à notre époque, une femme se rend auprès d'un arbre et lui demande de lui accorder un mari, une femme se rend auprès d'un arbre et elle lui dit : Ô *fahlal fuhul !* (Dans le sens de « Ô toi le fort des forts ! Donne-moi un mari avant la fin d'année !...] Elle demande à un arbre de lui accorder un mari !! *Wal 'iyâdhu billah* (et le refuge est en Allah).

Ainsi, le *chirk* relatif à l'invocation de demande à notre époque est extrêmement répandu !

C'est pourquoi Allah nous a ordonné qu'on l'invoque Seul !

﴿ وَقَالَ رَبُّكُمُ ٱدْعُونِىٓ أَسْتَجِبْ لَكُمْ ۚ إِنَّ ٱلَّذِينَ يَسْتَكْبِرُونَ عَنْ عِبَادَتِى
سَيَدْخُلُونَ جَهَنَّمَ دَاخِرِينَ ﴾

« Et votre Seigneur dit : invoquez-Moi, Je vous répondrai. Certes, ceux qui par orgueil, se refusent à M'adorer entreront bientôt dans l'Enfer, humiliés. » *[Ghâfir ; 60]*

Et Allah Le Béni ﷻ, nous dit également :

﴿ وَإِذَا سَأَلَكَ عِبَادِى عَنِّى فَإِنِّى قَرِيبٌ ۖ أُجِيبُ دَعْوَةَ ٱلدَّاعِ إِذَا دَعَانِ ۖ
فَلْيَسْتَجِيبُوا۟ لِى وَلْيُؤْمِنُوا۟ بِى لَعَلَّهُمْ يَرْشُدُونَ ﴾

« Et quand Mes serviteurs t'interrogent sur Moi, alors Je suis tout proche : Je réponds à l'appel de celui qui Me prie quand il Me prie. Qu'ils répondent à Mon appel, et qu'ils croient en Moi, afin qu'ils soient bien guidés.» *[Al Baqarah ; 186]*

Et Allah Le Béni ﷻ, nous dit également :

﴿ أَمَّن يُجِيبُ ٱلْمُضْطَرَّ إِذَا دَعَاهُ وَيَكْشِفُ ٱلسُّوٓءَ ﴾

« N'est-ce pas Lui qui répond à l'angoissé quand il L'invoque, et qui enlève le mal ? » *[An-Naml ; 62]*

Et les versets qui vont dans ce sens sont très nombreux, de plus il a été rapporté dans le hadith de manière sûre que le Seigneur de la Puissance et de la Majesté descend vers le ciel le plus proche de la terre dans le dernier tiers de la nuit, et appelle en disant :

« Y a-t-il quelqu'un qui veut demander pour que je lui accorde ce qu'il me demande, y a-t-il quelqu'un qui veut m'invoquer pour que je l'exauce, y a-t-il quelqu'un qui veut mon pardon pour que je lui pardonne, y a-t-il quelqu'un qui veut se repentir pour que j'agrée son repentir ».

Aussi, profitons des dons et des faveurs d'Allah ﷻ à notre égard dans ces moments bénis, peut être que Sa Miséricorde nous atteindra.

بِسْمِ ٱللَّهِ ٱلرَّحْمَٰنِ ٱلرَّحِيمِ

Bismillâhi r-rahmâni r-rahîm

La preuve concernant la **Peur** (***al khawf***) est la parole d'Allah :

﴿ فَلَا تَخَافُوهُمْ وَخَافُونِ إِن كُنتُم مُّؤْمِنِينَ ﴾

« N'ayez pas peur d'eux, mais ayez peur de Moi, si vous êtes croyants. » *[Âl 'Imrân ; 175]*

La preuve concernant l'**Espérance** (*Ar-Rajâ*) est la parole d'Allah :

﴿ فَمَن كَانَ يَرْجُوا۟ لِقَآءَ رَبِّهِۦ فَلْيَعْمَلْ عَمَلًا صَٰلِحًا
وَلَا يُشْرِكْ بِعِبَادَةِ رَبِّهِۦٓ أَحَدًۢا ﴾

« Quiconque donc, espère la rencontre de son Seigneur, qu'il fasse de bonnes œuvres et qu'il n'associe rien à son Seigneur dans Son adoration. » *[Al Kahf ; 110]*

COMMENTAIRES

La **Peur** et l'**Espoir** sont deux notions inséparables, indissociables ; il ne peut y avoir de **Peur** sans **Espoir**, ni d'espoir sans peur. C'est-à-dire que le muslim se doit d'être constamment entre la **Peur** et l'**Espoir :** il espère la récompense d'Allah, et il craint Son châtiment (en même temps).

Quand il se remémore ses péchés, ses fautes, et ses manquements vis-à-vis d'Allah, qu'il craigne et qu'il redoute le châtiment d'Allah. Et quand il se remémore la clémence Allah, l'indulgence, le pardon d'Allah, et quand il se rapproche d'Allah, alors qu'il espère en Allah ; que son cœur soit rempli d'espérance en Allah.

On trouve dans la croyance des gens de la sunna, comme l'ont rapporté certains *salafs* (pieux prédécesseurs), que le malade, lors de sa maladie, se doit de favoriser davantage son **Espoir** en Allah plutôt que sa **Peur**, afin que ce malade ne désespère pas de la miséricorde d'Allah, tandis que le bien portant, celui qui est en bonne santé, lui, se doit de favoriser davantage sa crainte d'Allah plutôt que son **Espoir** en Allah, afin qu'il ne se sente pas à l'abri du stratagème d'Allah.

Comme nous dit Shaykh Ibn Bâz : *Allah a mis en garde les serviteurs contre le fait de se sentir à l'abri de Son stratagème, quand Il nous dit dans le **Qur'ân** :*

﴿ أَفَأَمِنُوا۟ مَكْرَ ٱللَّهِ ۚ فَلَا يَأْمَنُ مَكْرَ ٱللَّهِ إِلَّا ٱلْقَوْمُ ٱلْخَـٰسِرُونَ ﴾

« Sont-ils à l'abri du stratagème d'Allah ? Seuls les gens perdus se sentent à l'abri du stratagème d'Allah. »
[Al A'râf ; 99]

Et le stratagème d'Allah à leur égard : c'est le fait qu'Il leur accorde un délai, et augmente leurs bienfaits et leurs faveurs, alors qu'ils sont plongés dans les péchés et qu'ils contestent l'ordre d'Allah. Ainsi, ils sont enclins à ce qu'Allah les saisisse et les châtie alors qu'ils sont dans l'insouciance. Et ceci est dû au fait qu'ils persévèrent dans la désobéissance à Allah, par le fait de commettre des péchés, tout en se sentant à l'abri du châtiment et de la colère d'Allah.

Donc le muslim, tout au long de sa vie, se doit d'avoir comme première préoccupation d'évoluer constamment entre la **Peur** et l'**Espoir**, et ce, jusqu'au jour où il rencontrera Allah.

Allah a décrit le croyant dans le ***Qur'ân,*** quand Il nous dit :

﴿ وَيَدۡعُونَنَا رَغَبٗا وَرَهَبٗا ﴾

« Ils nous invoquaient avec espoir et crainte. » *[Al Anbiyâ ; 90]*

Et Allah nous dit aussi :

﴿ أَمَّنۡ هُوَ قَٰنِتٌ ءَانَآءَ ٱلَّيۡلِ سَاجِدٗا وَقَآئِمٗا يَحۡذَرُ ٱلۡأٓخِرَةَ وَيَرۡجُواْ رَحۡمَةَ رَبِّهِۦۗ
قُلۡ هَلۡ يَسۡتَوِي ٱلَّذِينَ يَعۡلَمُونَ وَٱلَّذِينَ لَا يَعۡلَمُونَ ﴾

« Est-ce que celui qui, aux heures de la nuit, reste en dévotion, prosterné et debout, prenant garde à l'au-delà et espérant la miséricorde de son Seigneur ? Dis : Sont-ils égaux, ceux qui savent et ceux qui ne savent pas ? » *[Az-Zummar ; 9]*

Ainsi, le croyant doit prendre garde vis-à-vis de l'au-delà tout en espérant la miséricorde de Son Seigneur.

Allah nous dit également au sujet de ce groupe de Djinns qui s'était converti à l'Islâm tandis qu'un groupe d'hommes avaient continué à les adorer.

﴿ أُوْلَٰٓئِكَ ٱلَّذِينَ يَدۡعُونَ يَبۡتَغُونَ إِلَىٰ رَبِّهِمُ ٱلۡوَسِيلَةَ أَيُّهُمۡ أَقۡرَبُ وَيَرۡجُونَ
رَحۡمَتَهُۥ وَيَخَافُونَ عَذَابَهُۥٓۚ إِنَّ عَذَابَ رَبِّكَ كَانَ مَحۡذُورٗا ﴾

« Ceux qu'ils invoquent, cherchent [eux-mêmes], à qui mieux (mieux), le moyen de se rapprocher le plus de leur Seigneur. Ils espèrent Sa miséricorde et craignent Son châtiment. Le châtiment de ton Seigneur est vraiment redouté. »
[Al Isrâ ; 57]

Ils espèrent Sa miséricorde et craignent Son châtiment ; telle est la description des croyants, et c'est ainsi que doit être le muslim : constamment entre la **Peur** et l'**Espoir**.

Et ce qui est visé ici, c'est la peur secrète et non la peur naturelle ; la peur naturelle c'est une chose connue : c'est-à-dire que chaque homme éprouve ce sentiment, tout homme par exemple a peur des lions, ou peut ressentir de la peur face à l'ennemi en embuscade, face à des brigands, et Shaykh Ibn Bâz ﷺ a dit : « *la peur naturelle est inévitable, car Allah a créé l'homme ainsi : il a peur de ce qui peut lui nuire, aussi il est prudent. Il craint le froid, alors il met des vêtements épais, il craint la faim alors il mange, il craint la soif alors il boit... Ce sont des choses naturelles dans lesquelles il n'y a aucun mal.* »

Ainsi, cette peur-là n'est pas concernée ici.

Ce dont on parle, et ce qui est traité ici, c'est ce que les gens de science ont appelé : la peur de l'occulte, ou la peur secrète. Et cette peur-ci se doit d'être exclusivement destinée à Allah ; tu ne dois craindre qu'Allah ! Tu ne dois pas éprouver de peur à l'égard d'une statue, tu ne dois pas éprouver de peur à l'égard d'une personne morte et enterrée, tu ne dois pas éprouver de peur à l'égard d'un défunt dans sa tombe, tu ne dois craindre qu'Allah !

Shaykh Ibn Bâz a dit : « Allah est Puissant sur toute chose, Il est Celui qui accorde le bien et le mal, Celui qui donne et qui retient, aussi, il est donc obligatoire d'avoir peur de Lui exclusivement. (...) Les adorateurs de tombes croient que certaines personnes détiennent un pouvoir sur la création avec Allah le Tout puissant, ils attribuent ce pouvoir également à leurs statues, aux djinns, etc. Ils croient aussi qu'ils ont le pouvoir de donner, ou de priver, d'égarer les cœurs, de faire mourir les gens, et cela, sans même avoir recours à des moyens matériels. »

Et ceci est du grand polythéisme, comme l'a dit Al shaykh Ibn Bâz.

Il nous a été rapporté le cas d'un sorcier qui a intimidé et menacé un prêcheur qui parlait au sujet des sorciers et qui mettait en garde contre eux, et plus précisément, il s'agissait d'une femme enseignante dans un pays étranger qui avait mis en garde contre eux. Suite à cela, elle avait été menacée par un sorcier, et depuis, elle se sentait angoissée, apeurée.

Wallahi ! Par Allah ! Celui ou celle qui attache son cœur à Allah par ses paroles, ses actes et sa croyance, son dogme (*al i'tiqâd*), rien ne pourra l'atteindre ! Nul ne pourra lui causer du tort, que ce soit un sorcier ou autre. Aussi, il est nécessaire de n'avoir peur que d'Allah seul.

N'aie pas peur des créatures ! N'éprouve pas de peur ou d'angoisse vis-à-vis des tombes ou des occupants des tombes, les morts qui sont enterrés ! Tu ne dois avoir peur que d'Allah ﷻ !

De même que l'**Espoir :** observez ces textes grandioses qui traitent de la peur et de la crainte, comme quand Allah nous dit :

﴿ إِنَّمَا ذَٰلِكُمُ ٱلشَّيْطَٰنُ يُخَوِّفُ أَوْلِيَآءَهُۥ فَلَا تَخَافُوهُمْ وَخَافُونِ إِن كُنتُم مُّؤْمِنِينَ ﴾

« C'est le Diable qui vous fait peur de ses alliés. N'ayez donc pas peur d'eux. Mais ayez peur de Moi, si vous êtes croyants. »
[Âl 'Imrân ; 175]

Ainsi, Allah nous rapporte dans le ***Qur'ân*** que shaytâne (Satan) effraie et sème la crainte dans le cœur des gens en leur disant :

﴿ إِنَّ ٱلنَّاسَ قَدْ جَمَعُوا۟ لَكُمْ فَٱخْشَوْهُمْ ﴾

« Les gens se sont rassemblés contre vous ; craignez-les.»
[Âl 'Imrân ; 173]

Allah nous dit au sujet des croyants :

﴿ فَزَادَهُمْ إِيمَـٰنًا وَقَالُوا۟ حَسْبُنَا ٱللَّهُ وَنِعْمَ ٱلْوَكِيلُ ﴾

« Cela accrut leur foi - et ils dirent : Allah nous suffit ; Il est notre meilleur garant. » *[Âl 'Imrân ; 173]*

Tandis que les mécréants, eux, cela ne fait qu'accroître leur détresse : c'est-à-dire leur peur, leurs angoisses, qui ne vont qu'en augmentant.

Aussi :

﴿ فَلَا تَخَافُوهُمْ وَخَافُونِ إِن كُنتُم مُّؤْمِنِينَ ﴾

« N'ayez donc pas peur d'eux. Mais ayez peur de Moi, si vous êtes croyants. » *[Âl 'Imrân ; 175]*

C'est-à-dire : si vous êtes des gens de foi, si vous être croyants, ne craignez pas shaytân et ses acolytes, mais craignez Allah plutôt ! Craignez Allah seul !

Comme nous le dit Allah dans le ***Qur'ân*** :

﴿ يَخَافُونَ رَبَّهُم مِّن فَوْقِهِمْ وَيَفْعَلُونَ مَا يُؤْمَرُونَ ﴾

« Ils craignent leur Seigneur, au-dessus d'eux, et font ce qui leur est commandé. » *[An-Nahl ; 50]*

En réalité, ce sont les anges qui sont concernés, dans ce verset. Allah nous parle des anges, Allah nous a décrit les anges en nous disant qu'ils craignent leur Seigneur et qu'ils obéissent à Ses ordres, alors que dire de nous ? Ce verset traite des anges, mais il nous concerne en premier lieu !

C'est pour cela qu'Allah nous dit dans le ***Qur'ân*** :

﴿ ذَٰلِكَ لِمَنْ خَافَ مَقَامِى وَخَافَ وَعِيدِ ﴾

« Cela est pour celui qui craint Ma présence et craint Ma menace. » *[Ibrâhîm ; 14]*

Il nous dit également :

﴿ وَأَمَّا مَنْ خَافَ مَقَامَ رَبِّهِۦ وَنَهَى ٱلنَّفْسَ عَنِ ٱلْهَوَىٰ ۝٤٠
فَإِنَّ ٱلْجَنَّةَ هِىَ ٱلْمَأْوَىٰ ﴾

« Et pour celui qui aura redouté de comparaître devant son Seigneur, et aura préservé son âme de la passion, le Paradis sera alors son refuge. » *[An-Nâzi'ât ; 40/41]*

On voit donc que la **Peur** d'Allah est une notion immense, grandiose. Aussi, le muslim doit de se souvenir de la grandeur d'Allah quand il prie, et de la Toute-puissance d'Allah. Le muslim, quand il est en *salât (prière),* doit se souvenir du paradis et de l'enfer ; il doit se rappeler pour quelle raison il a été créé, quel est le but de sa présence dans cette vie, il doit orienter son cœur et le diriger vers Allah ﷻ, en espérant Sa récompense et en ayant peur de Son châtiment.

Concernant l'**Espoir**, Allah nous dit dans le ***Qur'ân*** :

﴿ فَمَن كَانَ يَرْجُواْ لِقَآءَ رَبِّهِۦ فَلْيَعْمَلْ عَمَلًا صَٰلِحًا
وَلَا يُشْرِكْ بِعِبَادَةِ رَبِّهِۦٓ أَحَدًۢا ﴾

« Quiconque, donc, espère rencontrer son Seigneur, qu'il fasse de bonnes actions et qu'il n'associe rien à son Seigneur dans son adoration »

Shaykh Ibn 'Uthaymîn a dit : *« l'espoir louable et légitime c'est celui d'une personne qui œuvre dans l'obéissance d'Allah en espérant sa récompense, ou c'est celui d'une personne qui a péché, mais qui s'est repentie de son péché et espère que son repentir soit accepté. Par contre, l'espoir sans œuvres n'est qu'une illusion et une espérance blâmable ».*

Donc, comme nous dit Allah :

﴿ فَمَن كَانَ يَرْجُوا۟ لِقَآءَ رَبِّهِۦ فَلْيَعْمَلْ عَمَلًا صَٰلِحًا
وَلَا يُشْرِكْ بِعِبَادَةِ رَبِّهِۦٓ أَحَدًۢا ﴾

« Quiconque, donc, espère rencontrer son Seigneur, qu'il fasse de bonnes actions et qu'il n'associe rien à son Seigneur dans son adoration. » *[Al Kahf ; 110]*

Il a aussi été rapporté dans un hadith *qudsî* (un hadith divin) qu'Allah a révélé à Son Prophète ﷺ :

Je suis tel que Mon serviteur M'estime

Aussi, il est nécessaire d'espérer en Allah, il est nécessaire d'avoir (un immense) espoir en Lui. Il nous incombe d'avoir une grande espérance en Allah. Et quiconque se dépouille des attaches qu'il peut avoir pour autre qu'Allah, pour ne s'attacher qu'à Lui, craindra et espérera en Allah, et quiconque attachera son cœur à autre qu'Allah verra son espoir en Allah diminuer, tandis que sa peur pour autre qu'Allah ira en augmentant, *wal 'iyâdhu billah* (et le refuge est en Allah).

Car quiconque s'attache à une chose se voit abandonné à la charge de cette chose, comme cela a été rapporté dans un hadith authentique.

Aussi, j'insiste et je répète que nous devons constamment et continuellement évoluer entre la **Peur** et l'**Espoir**, et ce, jusqu'au jour où nous rencontrerons Allah.

بِسْمِ ٱللَّهِ ٱلرَّحْمَٰنِ ٱلرَّحِيمِ

Bismillâhi r-rahmâni r-rahîm

Et la preuve concernant ***at-tawakkul*** est la parole d'Allah :

﴿ وَعَلَى ٱللَّهِ فَتَوَكَّلُوٓاْ إِن كُنتُم مُّؤْمِنِينَ ﴾

« Et c'est en Allah qu'il faut avoir confiance, si vous êtes croyants » *[Al Mâ'idah ; 23]*

et également :

﴿ وَمَن يَتَوَكَّلْ عَلَى ٱللَّهِ فَهُوَ حَسْبُهُۥٓ ﴾

« ***Et quiconque place sa confiance en Allah, Allah lui suffit*** » *[At-Talâq ; 3]*

COMMENTAIRES

« Tawakkul 'alâ Allah » ou At-tawakkul : c'est placer sa confiance en Allah ; ça consiste à s'en remettre à Allah, en se suffisant d'Allah ﷻ pour la réalisation d'une affaire, tout en effectuant les moyens appropriés, c'est-à-dire en mettant en oeuvre les moyens profitables qui permettent d'y parvenir. Comme l'ont expliqué les savants, ***at-tawakkul*** est une adoration grandiose et illustre, qui ne doit être destinée qu'à Allah, seul.

At-tawakkul (la confiance en Allah) ce n'est pas le fait de dormir, de ne rien effectuer comme actes ou actions au point de se reposer sur les gens et de devenir un fardeau pour eux, comme le font certains soufis.

At-tawakkul ce n'est absolument pas cela, mais ceci s'appelle du **tawâkul** qui est le fait de délaisser les causes tout en espérant les effets ; c'est de la passivité. Il faut bien noter (la nuance) la différence entre les deux mots ***tawakkul*** et **tawâkul**.

At-tawakkul c'est le fait de s'en remettre à Allah dans une affaire, en effectuant les démarches profitables qui permettent d'y parvenir. C'est une adoration grandiose et illustre, et **at-tawâkul** c'est le fait de délaisser toute action, toute cause, en espérant tout de même le résultat, et cette attitude est blâmable.

Et le prophète ﷺ a dit :

لَوْ أَنَّكُمْ تَتَوَكَّلُونَ عَلَى اللهِ حَقَّ تَوَكُّلِهِ لَرَزَقَكُمْ كَمَا يَرْزُقُ الطَّيْرَ تَغْدُو خِمَاصًا وَتَرُوحُ بِطَانًا

***« Si vous vous en remettiez à Allah correctement,
comme il convient de s'en remettre à Lui,
Il vous accorderait votre subsistance comme Il l'accorde
aux oiseaux qui quittent leur nid le matin, le ventre vide,
et qui rentre le soir, le ventre plein. »***

Comment comprendre ce hadith ? Les oiseaux restent-ils dans cachés dans leurs nids ? Blottis dans leurs nids à attendre que la nourriture tombe du ciel ? Les oiseaux attendent-ils que leur nourriture se retrouve dans leurs becs ? Non ! Bien sûr que non !

Tôt le matin, tu les entends chanter, tu les entends gazouiller, tu les entends piailler, puis ils quittent leurs nids et partent en vadrouille, parcourant la terre de long en large, à la recherche de la subsistance que leur accorde Allah ﷻ.

C'est pour cela que le prophète ﷺ a dit :

لَوْ أَنَّكُمْ تَتَوَكَّلُونَ عَلَى اللهِ حَقَّ تَوَكُّلِهِ لَرَزَقَكُمْ كَمَا يَرْزُقُ الطَّيْرَ

« Si vous vous en remettiez à Allah correctement, comme il convient de s'en remettre à Lui, Il vous accorderait votre subsistance comme Il l'accorde aux oiseaux. »

Cependant, cette notion a faibli dans le cœur des gens : tu trouves des personnes qui restent assises, qui ne se donnent pas la peine de faire quoi que ce soit ; ni elles ne travaillent ni elles ne se soignent, elles ne font rien ! Aucun bien ! Elles ne se donnent pas la peine de faire quoi que ce soit de concret, et elles prétendent s'en remettre à Allah : elles disent qu'elles s'en remettent à Allah, et ceci est faux ! Ceci est complètement faux, c'est une mauvaise compréhension du ***tawakkul*** ; ce qu'elles font c'est de la passivité blâmable ! C'est du **tawâkul** (plutôt), et le prophète ﷺ nous a mis en garde contre ce genre de comportement.

Quand s'est présenté à lui un homme qui se plaignait de sa pauvreté, le prophète ﷺ lui a donné deux pièces d'argent (deux dirhams), et lui a ordonné d'utiliser la première de ces pièces pour s'acheter une hache, afin de couper et de ramasser du bois pour le vendre, et la deuxième pièce pour nourrir sa famille. Puis, l'homme s'est présenté au prophète ﷺ le vendredi suivant et il avait acquis beaucoup de bien.

Et c'est pour cela que le prophète ﷺ a dit :

« Il vaut mieux pour l'un d'entre vous qu'il prenne sa corde pour ramasser du bois plutôt qu'il abandonne ses enfants qui se retrouvent à demander la charité aux gens. »

Tout comme il est blâmable également de s'en remettre uniquement aux causes, en croyant qu'elles seules peuvent permettre de réussir ou d'échouer dans une affaire, ou en croyant qu'elles seules peuvent avancer ou retarder la réalisation d'une affaire.

Délaisser totalement les causes profitables, ou se reposer entièrement sur elles sont là deux conceptions blâmables ; c'est-à-dire que le musulman se doit de cheminer sur une voie médiane, être dans le juste milieu.

Tawakkul 'alâ Allah, la confiance en Allah : c'est se fier à Allah, c'est s'en remettre à Allah dans une affaire tout en mettant en œuvre les moyens légiféré qui permettent d'y parvenir.

Et le fait d'avoir délaissé la mise en œuvre des moyens légiféré est ce qui a conduit les musulmans, les pays musulmans, à dépendre des non-musulmans à notre époque. Le fait de ne pas avoir entrepris les démarches correctes a eu pour résultat que les pays musulmans dépendent des non-musulmans, ne serait-ce que pour se procurer les aiguilles de couture qui nous permettent de confectionner nos vêtements, alors que les musulmans, autrefois, régnaient sur le monde ; la civilisation musulmane était à son apogée quand les musulmans étaient accrochés à leur religion, fermes dans leur croyance, solides dans leur dogme (*al 'aqîdah*), sincères, vouant un culte exclusif à leur Seigneur, remplis de crainte à Son égard, mettant en pratique Ses ordres et Ses commandements, s'écartant de Ses interdits. À cette époque-là, les musulmans régnaient sur le monde.

Ainsi, le musulman doit être dans le juste milieu, sans excès ni laxisme, sans exagération, ni manquement. Nous ne disons pas aux gens que le ***tawakkul*** c'est le fait de délaisser les causes, nous ne disons pas non plus que le ***tawakkul*** c'est le fait de délaisser les moyens profitables, comme le prétendent certains groupes et certaines sectes qui demandent aux gens d'abandonner leurs emplois, leurs tâches, leurs foyers et leurs enfants et qui sortent en *khurûj* (sorties) pour sillonner les routes et parcourir la terre de long en large, vadrouillant d'Orient en Occident, en disant aux gens : « c'est ça le ***tawakkul*** ! Laissez vos enfants, même s'ils sont dans la pauvreté, la misère, le dénuement et le besoin ! » Ils délaissent même la science et l'enseignement, ils parcourent la terre, répétant les mêmes formules prédéfinies qui ne servent à rien et qui ne leur apportent aucun bénéfice notable, que ce soit dans la science ou dans la pratique.

Aussi, la meilleure des choses est celle qui se situe dans le juste milieu : le musulman doit cheminer sur la voie médiane. Nous ne délaissons pas les causes, les moyens profitables qui permettent d'obtenir des résultats, mais nous ne plaçons pas notre confiance dans ces causes, dans ces moyens, comme ces athées matérialistes qui appellent à cela.

Nous, nous faisons les causes, nous mettons en œuvre ce qui nous permet d'arriver au but tout en plaçant notre confiance totale en Allah ﷻ, car le résultat final lui appartient.

Et le prophète ﷺ, quand il combattait lors des batailles, il portait deux cuirasses doublées, allons-nous (alors) prétendre qu'il ne plaçait pas sa confiance en Allah correctement ? Allons-nous dire qu'il ne s'en remettait pas pleinement à Allah ? Non ! Bien sûr que non. Nul ne plaçait sa confiance en Allah comme lui ! Nul ne peut s'en remettre à Allah comme il le faisait ! Pourtant, quand il combattait, il portait deux cuirasses et une cotte de mailles. (Et une cotte de mailles c'est une sorte de tunique formée de pièces métalliques reliées les unes aux autres, afin de protéger le corps.)

Donc le prophète ﷺ enfilait une cotte de mailles, deux cuirasses, et prenait toutes ses armes. Il se préparait pour la bataille, il utilisait toutes les causes, tous les moyens qu'Allah lui permettait, et quand il partait en expédition, il empruntait un chemin détourné pour se rendre à l'endroit désiré.

Voici l'exemple même du ***tawakkul*** authentique ; ce n'est pas le fait de délaisser les causes, ce n'est pas le fait d'abandonner les moyens nous permettant d'atteindre un objectif, ni le fait de ne rien faire au point de s'en remettre à autrui (car) ces deux conceptions sont très éloignées de la réalité du ***tawakkul 'alâ Allah***, ces deux conceptions sont très éloignées de la confiance en Allah. C'est pour cela qu'Allah nous dit dans le ***Qur'ân*** :

﴿ وَعَلَى ٱللَّهِ فَتَوَكَّلُوٓاْ إِن كُنتُم مُّؤْمِنِينَ ﴾

« Et c'est en Allah qu'il faut avoir confiance, si vous êtes croyants » *[Al Mâ'idah ; 23]*

Mais également :

﴿ وَمَن يَتَوَكَّلْ عَلَى ٱللَّهِ فَهُوَ حَسْبُهُۥٓ ﴾

« ***Et quiconque place sa confiance en Allah, Allah lui suffit*** » *[At-Talâq ; 3]*

Allah lui suffit ! Et Allah nous dit aussi :

﴿ فَسَيَكْفِيكَهُمُ ٱللَّهُ ۚ وَهُوَ ٱلسَّمِيعُ ٱلْعَلِيمُ ﴾

« Alors, Allah te suffira contre eux. Il est l'Audient, l'Omniscient. » *[Al Baqarah ; 137]*

Ainsi, en résumé, ***At-tawakkul*** c'est placer sa confiance en Allah, c'est s'en remettre à Allah, en se suffisant d'Allah ﷻ, pour la réalisation d'une affaire, tout en effectuant les moyens appropriés, tout en mettant en œuvre les moyens profitables qui permettent d'y parvenir. Et c'est une adoration grandiose et illustre, qui ne doit être destinée qu'à Allah seul.

بِسۡمِ ٱللَّهِ ٱلرَّحۡمَٰنِ ٱلرَّحِيمِ

Bismillâhi r-rahmâni r-rahîm

Et la preuve concernant **le désir**, **l'effroi** et **l'humilité** réside dans la parole d'Allah :

﴿ إِنَّهُمۡ كَانُواْ يُسَٰرِعُونَ فِي ٱلۡخَيۡرَٰتِ وَيَدۡعُونَنَا رَغَبٗا وَرَهَبٗاۖ وَكَانُواْ لَنَا خَٰشِعِينَ ﴾

« Ils concourraient au bien et nous invoquaient par amour et par crainte, et ils étaient humbles devant nous ».
[Al Anbiyâ ; 90]

Et la preuve concernant **la crainte** réside dans la parole d'Allah :

﴿ فَلَا تَخۡشَوۡهُمۡ وَٱخۡشَوۡنِي ﴾

« Ne les craignez pas, mais craignez-Moi ». *[Al Baqarah ; 150]*

Et la preuve concernant **le retour vers Allah** réside dans la parole d'Allah :

﴿ وَأَنِيبُوٓاْ إِلَىٰ رَبِّكُمۡ وَأَسۡلِمُواْ لَهُۥ ﴾

« Et revenez repentant à Allah, et soumettez-vous à Lui ».
[Az-zummar ; 54]

Voici donc plusieurs types d'adoration, différents types d'adoration. L'auteur a mentionné les preuves mettant en lumière notre obligation de cheminer en mettant ces adorations en application, parmi lesquelles il y a *al khushû'* (l'humilité), *al raghbah* (le désir) et *al rahbah* (l'effroi). Et ces trois types d'adoration ont été cités ensemble dans un verset, où Allah dit :

﴿ إِنَّهُمْ كَانُوا۟ يُسَٰرِعُونَ فِى ٱلْخَيْرَٰتِ وَيَدْعُونَنَا رَغَبًا وَرَهَبًا ۖ وَكَانُوا۟ لَنَا خَٰشِعِينَ ﴾

« Ils concourraient au bien et nous invoquaient par amour et par crainte, et ils étaient humbles devant nous ».
[Al Anbiyâ ; 90]

Ainsi, Allah nous informe que ses serviteurs pieux et sincères L'invoquent avec peur, avec espoir et qu'ils sont remplis d'humilité à son égard, *khâshi'în :* c'est-à-dire humbles, révérencieux, rabaissés devant leur Seigneur, orientant pleinement leurs cœurs, et se dirigeant vers Lui.

Et concernant ce verset, le shaykh Mouhammad Ibn Sâlih Al 'Uthaymin a dit :

Dans ce noble verset, Allah a décrit ses serviteurs sincères comme étant des personnes qui L'invoquent par désir, crainte et humilité. C'est-à-dire qu'ils désirent ce qui est auprès de Lui, ils espèrent en Sa récompense, tout en craignant Son châtiment et les conséquences néfastes de leurs péchés.

Et la preuve concernant **la crainte** réside dans la parole d'Allah:

﴿ فَلَا تَخْشَوْهُمْ وَٱخْشَوْنِى ﴾

« Ne les craignez pas, mais craignez-Moi ». *[Al Baqarah ; 150]*

Nous avions vu que la peur est une adoration, mais la crainte, quant à elle, est une adoration plus précise, plus subtile, plus profonde, et plus grandiose que la peur.

C'est pour cela qu'Allah dit :

﴿ فَلَا تَخْشَوُا۟ ٱلنَّاسَ وَٱخْشَوْنِ ﴾

« Ne craignez donc pas les gens, mais craignez-Moi ». *[Al Mâ'idah ; 44]*

Et également :

﴿ ٱلَّذِينَ قَالَ لَهُمُ ٱلنَّاسُ إِنَّ ٱلنَّاسَ قَدْ جَمَعُوا۟ لَكُمْ فَٱخْشَوْهُمْ فَزَادَهُمْ إِيمَـٰنًا وَقَالُوا۟ حَسْبُنَا ٱللَّهُ وَنِعْمَ ٱلْوَكِيلُ ﴾

« Certes, ceux auxquels l'on disait : "Les gens se sont rassemblés contre vous ; craignez-les" - cela accrut leur foi - et ils dirent : "Allah nous suffit ; Il est notre meilleur Garant" ». *[Al 'Imrân ; 173]*

Les savants ont expliqué que la crainte était la peur basée sur la connaissance de la grandeur et de la perfection du pouvoir d'Allah. Comme nous dit Allah dans le ***Qur'ân :***

﴿ إِنَّمَا يَخْشَى ٱللَّهَ مِنْ عِبَادِهِ ٱلْعُلَمَـٰٓؤُا۟ ﴾

« Parmi Ses serviteurs, seuls les savants craignent Allah ». *[Fâtir ; 28]*

Concernant *al inâbah* (le retour vers Allah), ce qui est voulu c'est *al ikhlas* (la sincérité), quand Allah nous dit :

﴿ تَبْصِرَةً وَذِكْرَىٰ لِكُلِّ عَبْدٍ مُّنِيبٍ ﴾

« À titre d'appel à la clairvoyance, et un rappel pour tout serviteur repentant ». *[Qâf ; 8]*

(*« ...Li kulli ‘abdin munîb... »*), pour tout serviteur repentant : c’est-à-dire rempli de sincérité pour Allah (*mukhlis lillâh)*, revenant sincèrement vers Lui, en Lui obéissant et en s’éloignant de la transgression de Ses interdits.

Comme nous dit Allah dans le ***Qur’ân*** :

﴿ وَأَنِيبُوٓاْ إِلَىٰ رَبِّكُمۡ وَأَسۡلِمُواْ لَهُۥ ﴾

« Et revenez repentant à Allah, et soumettez-vous à Lui ». *[Az-zummar ; 54]*

En réalité, de nombreux versets traitent de ce point ; *al inâbah* (le retour à Allah), *al khushû‘* (l’humilité envers Allah), *al khuDû‘* (la soumission à Allah), *al khashiyyah* (la crainte d’Allah), *al iqbâl ‘alâ Allah* (l’orientation totale du cœur vers Allah ﷻ).

Et la preuve concernant **la demande d’aide** réside dans la parole d’Allah :

﴿ إِيَّاكَ نَعۡبُدُ وَإِيَّاكَ نَسۡتَعِينُ ﴾

« C’est Toi Seul que nous adorons, et c’est Toi Seul dont nous implorons l’aide ». *[Al Fâtihah ; 5]*

On trouve dans la sunnah, la parole du prophète ﷺ :

Si tu demandes de l’aide, demande-la à Allah

La preuve concernant **la demande de protection** se trouve dans la parole d’Allah :

﴿ قُلۡ أَعُوذُ بِرَبِّ ٱلۡفَلَقِ ﴾

« Dis : Je cherche protection auprès du Seigneur de l’aube » *[Al Falaq ; 1]*

Et également :

﴿ قُلْ أَعُوذُ بِرَبِّ ٱلنَّاسِ ﴾

« Dis : Je cherche protection auprès du seigneur des hommes » *[An-Nâs ; 1].*

La preuve concernant **la demande de secours** réside dans la parole d'Allah :

﴿ إِذْ تَسْتَغِيثُونَ رَبَّكُمْ فَٱسْتَجَابَ لَكُمْ ﴾

« Quand vous imploriez le secours de votre Seigneur et qu'il vous exauça aussitôt » *[Al Anfâl ; 9]*

Voici différents types d'adorations qui se doivent d'être exclusivement destinées à Allah et dont l'auteur a cité les preuves, issues du Qur'ân et de la Sunnah, qui viennent appuyer cela, telles que la demande d'aide, la demande de protection ou la demande de secours, et ces adorations se doivent toutes d'être destinées à Allah seul.

Concernant *al isti'ânah, Allah* nous dit dans le Qur'ân : ***« c'est Toi seul que nous adorons et Toi seul dont nous implorons l'aide »,*** et le prophète ﷺ a dit également à 'Abdoullah Ibn 'Abbas :

Ô mon garçon, préserve Allah, Il te préservera, préserve Allah, tu Le trouveras devant toi, souviens-toi de Lui dans les moments d'aisance, Il se souviendra de toi dans les moments de détresse, si tu as une demande à adresser, adresse-la à Allah, et si tu demandes l'aide, demande-la à Allah.

Cependant, il est permis de demander à un être humain de l'aide dans une chose qu'il est capable d'effectuer. Par contre, demander l'aide d'une personne absente, ou aux djinns ou aux morts ou demander l'aide à une personne présente pour une chose relevant de l'invisible, relève du *shirk*, c'est une forme de polythéisme.

Et de même, concernant *al isti'âdhah,* Allah nous dit dans le ***Qur'ân*** :

﴿ قُلۡ أَعُوذُ بِرَبِّ ٱلۡفَلَقِ ﴾

« Dis ! Je recherche protection auprès du Seigneur de l'aube »

Et également :

﴿ قُلۡ أَعُوذُ بِرَبِّ ٱلنَّاسِ ﴾

« Dis ! Je recherche protection auprès du Seigneur des hommes »

Ainsi, la demande de protection est une adoration qui se doit d'être exclusivement dédiée à Allah, mais il est permis de demander protection à une personne capable de l'accomplir. Mais chercher protection auprès d'un mort, d'une tombe, d'un djinn, d'un arbre, d'une statue, d'un pendentif, porte-bonheur, etc. Tout ceci relève du *shirk*, c'est du polythéisme.

Et de même, concernant *al istighâthah*, la demande de secours, quand Allah dit dans le ***Qur'ân*** :

﴿ إِذۡ تَسۡتَغِيثُونَ رَبَّكُمۡ فَٱسۡتَجَابَ لَكُمۡ ﴾

« Quand vous imploriez le secours de votre Seigneur et qu'il vous exauça aussitôt »

Concernant la demande de secours, on trouve également dans la Sunnah, une parole du prophète ﷺ : il y avait à l'époque du prophète ﷺ un homme qui causait du tort aux Sahâbah, il causait du tort aux Compagnons du prophète ﷺ, qui dirent alors : « *qûmû binâ nastaghîthu birasûlillah* » (« allons tous chercher le secours auprès du Messager d'Allah ») ;

Le prophète ﷺ leur dit alors :

Innahu lâ yustaghâthu bî, innamâ yustaghâthu billâh

« Le secours ne se recherche pas auprès de moi, mais seulement auprès d'Allah ».

Concernant ce hadith, shaykh Sâlih Âl Ash-Shaykh nous dit :

Cette demande était licite, car ils ont demandé au prophète ﷺ une chose qu'il était capable d'accomplir. En effet, il était capable de leur apporter son secours dans cette situation, il aurait pu, par exemple, demander qu'on tue cet hypocrite, ou qu'on l'emprisonne, ou qu'on le châtie ou autre, en raison du mal qu'il causait aux musulmans. Cependant, le prophète ﷺ a enseigné la bienséance et le meilleur aux compagnons à ce sujet, c'est pour cela qu'il a dit :

Innahu lâ yustaghâthu bî, innamâ yustaghâthu billâh

« Le secours ne se recherche pas auprès de moi, mais seulement auprès d'Allah ».

À cause de l'apparition d'un certain penchant chez les Compagnons à demander au prophète ﷺ des choses qu'il était capable de réaliser, il leur a donc expliqué et enseigné qu'il leur était obligatoire de rechercher le secours auprès d'Allah en premier lieu.

Et demander le secours auprès d'un être vivant capable de l'accomplir est permis au même titre que la demande d'aide (*al isti'ânah*) ou la demande de protection (*al isti'âdhah*). Cependant, demander le secours auprès des morts, des djinns ou des êtres absents et donc incapables de protéger qui que ce soit est une forme de polythéisme.

Et la preuve concernant **le sacrifice** réside dans la parole d'Allah :

﴿ قُلْ إِنَّ صَلَاتِي وَنُسُكِي وَمَحْيَايَ وَمَمَاتِي لِلَّهِ رَبِّ ٱلْعَٰلَمِينَ ﴿١٦٢﴾
لَا شَرِيكَ لَهُۥ ۖ وَبِذَٰلِكَ أُمِرْتُ وَأَنَا۠ أَوَّلُ ٱلْمُسْلِمِينَ ﴿١٦٣﴾ ﴾

« Dis ! Ma prière, mes actes de dévotion, ma vie et ma mort appartiennent à Allah, Seigneur de l'univers. À lui nul associé ! Voilà ce qui m'a été ordonné, et je suis le premier à me soumettre ». *[Al An'âm ; 162-163]*

On trouve dans la Sunnah une belle parole du prophète ﷺ qui a dit :

La'ana Allahu man dhabaha li ghayri llâh

« Qu'Allah maudisse quiconque sacrifie (égorge une bête) pour autre que Lui »

Et la preuve concernant **le serment pieux** (***ou le vœu pieux***) réside dans la parole d'Allah :

﴿ يُوفُونَ بِٱلنَّذْرِ وَيَخَافُونَ يَوْمًا كَانَ شَرُّهُۥ مُسْتَطِيرًا ﴾

« Ils accomplissent leurs vœux et ils redoutent un jour dont le mal s'étendra partout ». *[Al Insân ; 7]*

Concernant le sacrifice, il s'agit donc d'une adoration qui se doit d'être destinée à Allah seul.

Et Allah nous dit dans le ***Qur'ân*** :

﴿ قُلْ إِنَّ صَلَاتِي وَنُسُكِي وَمَحْيَايَ وَمَمَاتِي لِلَّهِ رَبِّ ٱلْعَٰلَمِينَ ﴿١٦٢﴾
لَا شَرِيكَ لَهُۥ ۖ وَبِذَٰلِكَ أُمِرْتُ وَأَنَا۠ أَوَّلُ ٱلْمُسْلِمِينَ ﴿١٦٣﴾ ﴾

« Dis ! Ma prière, mes actes de dévotion, ma vie et ma mort appartiennent à Allah, Seigneur de l'univers. À lui nul associé ! Voilà ce qui m'a été ordonné, et je suis le premier à me soumettre » *[Al An'âm ; 162/163]*

Le terme *Nusukî* (« **qul inna salâtî wa nusukî**… ») vise le sacrifice, comme le fait de sacrifier pour Allah pour le *'id* ou les rites du pèlerinage, etc. Mais le terme *nusuk* peut également englober tous les types d'adoration.

Il a été rapporté que le prophète ﷺ a dit :

« Qu'Allah maudisse quiconque sacrifie une bête pour autre qu'Allah ».

Et le hadith a été rapporté par 'Alî (radhia Allahu 'anhu) qui rapporte donc que le prophète ﷺ a dit :

« Qu'Allah maudisse quiconque sacrifie une bête pour autre qu'Allah, qu'Allah maudisse quiconque abrite un innovateur, qu'Allah maudisse quiconque maudit ses parents, qu'Allah maudisse quiconque change les limites d'un terrain ».

Ainsi, le prophète ﷺ a dit : « *qu'Allah maudisse quiconque sacrifie pour autre qu'Allah* » ; c'est-à-dire comme ceux qui vouaient des sacrifices à leurs statues, leurs idoles : ils les adoraient en leur destinant leurs sacrifices, comme ceux qui, à notre époque, formulent des vœux pieux pour les tombes : ils élèvent un mouton jusqu'à ce qu'il atteigne l'âge de cinq ou six ans, jusqu'à ce qu'il soit pratiquement grand comme un âne, puis ils prennent leur mouton et vont le sacrifier devant le seuil d'un mausolée dédié à tel ou tel pieux mort et enterré, devant la porte de son mausolée.

Alors que celui qui est mort et enterré est lui-même un nécessiteux qui ne détient rien pour lui-même, car, comme nous l'avons vu, s'il détenait le moindre pouvoir, il ne serait pas mort, il serait resté immortel. Ainsi, ces gens sacrifient pour autre qu'Allah, ils sacrifient pour des personnes qui sont mortes et enterrées et qui ne tirent aucun profit quelconque de cet acte. Et tout ce qu'ils viennent d'accomplir, en réalité, est dédié pour autre qu'Allah, c'est du *shirk*, quand bien même ils diraient : « nous l'avons fait pour le visage d'Allah ». Car si réellement tu recherches le visage d'Allah, alors ne sacrifies que pour Allah, et non devant une tombe, ne sacrifie pas pour une tombe ou pour l'habitant d'une tombe ! En pensant que cela te rapproche d'Allah, comme le faisaient les polythéistes anciens qui disaient, comme nous l'a rapporté Allah dans le ***Qur'ân*** :

﴿ مَا نَعْبُدُهُمْ إِلَّا لِيُقَرِّبُونَآ إِلَى ٱللَّهِ زُلْفَىٰٓ ﴾

« Nous ne les adorons que pour qu'ils nous rapprochent davantage d'Allah » *[Az-Zummar ; 3]*

Et ceci n'est pas possible, bien évidemment. C'est un sujet très grave et les gens font preuve de laxisme et de grande négligence à son égard.

Concernant ce sujet, nous dit shaykh Souhaymi, il existe un livre qu'il est nécessaire que vous lisiez tous, qui s'intitule « ***kuntu qubûriyân*** » (« J'étais un Adorateur de tombes ») ; c'est un livre vraiment excellent. L'auteur, dont j'ai oublié le nom, nous raconte dans ce livre comment Allah l'a délivré et préservé. L'auteur avait donc préparé un grand mouton pour l'emmener devant la porte d'un mausolée, devant une tombe, pour le sacrifier à cet endroit. Et alors qu'il était sur place et qu'il s'apprêtait à le faire, des gens passèrent à proximité et ils lui montrèrent clairement que son acte était du *shirk*, et lui éclaircirent ce point. Ainsi, cette personne se débarrassa de toute croyance liée au *shirk*, et s'écarta des gens du *shirk*, et il écrivit ce livre à ce sujet dont le titre est « ***kuntu qubûriyân*** » (« J'étais un Adorateur de tombes »).

Ainsi, le fait de sacrifier pour autre qu'Allah fait partie des choses les plus graves, et tout animal qui a été sacrifié pour autre qu'Allah ou qui a été destiné à un autre qu'Allah, alors il n'est pas permis de le consommer ; ce qui a été destiné aux habitants des tombes, il n'est pas permis de le consommer, c'est strictement interdit. Et le fait de le consommer est un péché, ce qui a été destiné à autre qu'Allah il est interdit de le consommer et il nous est interdit de participer à un repas dans lequel la viande qui est consommée vient d'un animal qui a été sacrifié pour autre qu'Allah.

Et concernant **le vœu pieux**, ou le **serment pieux** (*an-nadhr*)

Allah nous dit dans le ***Qur'ân*** :

﴿ يُوفُونَ بِٱلنَّذۡرِ وَيَخَافُونَ يَوۡمٗا كَانَ شَرُّهُۥ مُسۡتَطِيرٗا ﴾

« Ils accomplissent leurs vœux et ils redoutent un jour dont le mal s'étendra partout ».

Le serment pieux, ou le vœu pieux consiste à s'imposer une chose à faire, ou une adoration non obligatoire, pour Allah. Cependant, si une personne dit, par exemple : « Ô Allah, si tu m'accordes telle ou telle chose ou si tu me protèges contre tel ou tel mal alors en contrepartie je ferais tel ou tel acte d'adoration », alors ceci est *makruh* (détestable), non recommandé. Cependant, si le musulman s'impose une chose légiféré sans contrepartie, alors ce type de serment pieux ou de vœu n'est pas détestable, et le musulman se doit de s'y tenir. Si une personne a fait le serment d'accomplir un acte d'obéissance, il est obligatoire qu'elle y soit fidèle.

بِسْمِ ٱللَّهِ ٱلرَّحْمَٰنِ ٱلرَّحِيمِ

Bismillâhi r-rahmâni r-rahîm

Le deuxième fondement est la connaissance de la religion islamique au moyen des preuves.

Et l'Islâm, c'est la soumission à Allah par la pratique du Tawhîd (monothéisme), l'assujettissement en Lui obéissant, et le désaveu du polythéisme et de ses adeptes.

L'Islâm comporte trois, degrés à savoir :

L'Islâm, ***Al Îmân*** et ***Al Ihsân,*** et chacun de ces degrés est bâti sur des piliers.

Les piliers de l'Islâm sont au nombre de cinq :

L'attestation qu'il n'existe de divinité digne d'adoration si ce n'est Allah et que Muhammad est son prophète, accomplir la prière, s'acquitter de la zakât, jeûner le mois de ramadhân, et effectuer le pèlerinage à la maison sacrée d'Allah.

COMMENTAIRES

L'auteur, le shaykh Mouhammed Ibn 'Abdel Wahhâb aborde le second fondement, la deuxième des notions importantes au sujet desquelles le serviteur sera interrogé dans sa tombe. Nous avions vu que le serviteur sera interrogé dans sa tombe sur trois notions essentielles, sur trois points fondamentaux.

Ainsi, le deuxième de ces points fondamentaux est la connaissance de l'Islâm, la connaissance de la religion islamique, en se basant sur des preuves issues du livre d'Allah ﷻ, ***Al Qur'ân***, et en se basant également sur la Sunnah du prophète Mouhammed ﷺ.

Le premier fondement était la connaissance d'Allah, et c'est ce que nous avons vu ces dernières semaines, par la grâce d'Allah. Nous avons appris qui était Allah, par Ses signes et Ses créatures, c'est-à-dire par tout ce qu'Il a créé. Quant à l'Islâm, ce sont les preuves juridiques issues du Livre d'Allah et tirées de la Sunnah de son messager qui nous permettent de connaître cette religion.

L'Islâm découle du terme *Aslama,* qui signifie : se soumettre, ou obéir, et ce qui est voulu, ce qui est recherché, c'est la soumission religieuse ; la soumission dans l'obéissance d'Allah ﷻ. C'est pour cela que les gens de science ont défini l'Islâm comme étant : ***la soumission à Allah par la pratique du Tawhîd (monothéisme), l'assujettissement en Lui obéissant et le désaveu du polythéisme et de ses adeptes.*** Telle est la réalité de l'Islâm ; l'Islâm, concrètement, c'est la soumission à Allah par la pratique du *tawhîd,* l'assujettissement en Lui obéissant et le désaveu du *shirk* et de ses adeptes (le désaveu du polythéisme et des polythéistes).

L'Islâm, c'est la soumission à Allah en Lui vouant un culte pur, en Lui destinant tous nos actes d'adoration, sans exception. L'Islâm, c'est le fait d'être pleinement soumis à Allah en orientant toutes nos adorations vers Lui seul. Ainsi, après nous être soumis à Allah par l'adoration et la mise en pratique du tawhîd, il nous incombe de nous soumettre totalement à Allah le Tout Puissant par l'obéissance, c'est-à-dire appliquer ses commandements, s'écarter de ses interdictions, tout en cheminant sur son chemin. La soumission dans l'obéissance, c'est mettre en pratique les ordres d'Allah et délaisser les choses qu'il a interdites, tout en cheminant sur son chemin. Il nous est obligatoire, également, de nous désavouer et de rejeter le polythéisme ; ***al barâ'ah min ash-shirk*** :

الْبَرَاءَةُ مِنَ الشِّرْكِ

L'Islâm n'est complet et ne se réalise qu'avec ces choses que nous venons de citer.

Et c'est pour cela qu'Allah nous dit dans le ***Qur'ân*** :

﴿ فَمَن يَكْفُرْ بِٱلطَّٰغُوتِ وَيُؤْمِنۢ بِٱللَّهِ فَقَدِ ٱسْتَمْسَكَ بِٱلْعُرْوَةِ ٱلْوُثْقَىٰ لَا ٱنفِصَامَ لَهَا ۗ وَٱللَّهُ سَمِيعٌ عَلِيمٌ ﴾

« Quiconque, donc, mécroit au ṯâghût tandis qu'il croit en Allah a certes saisi l'anse la plus solide, qui ne peut se briser. Et Allah est Audient et Omniscient. » *[Al Baqarah ; 256]*

Ainsi, l'Islâm ne peut se réaliser sans ces deux choses : l'assujettissement à Allah et le rejet du *shirk* et des *mushrikîn*. L'Islâm ne peut être complet et parachevé sans ces deux choses : la soumission totale du corps et du cœur à Allah, et le désaveu clair du polythéisme et de ses adeptes.

Comme nous dit Allah dans le ***Qur'ân*** :

﴿ بَرَآءَةٌ مِّنَ ٱللَّهِ وَرَسُولِهِۦٓ إِلَى ٱلَّذِينَ عَٰهَدتُّم مِّنَ ٱلْمُشْرِكِينَ ﴾

« Désaveu de la part d'Allah et de Son messager à l'égard des associateurs avec qui vous aviez conclu un pacte ». *[At-Tawbah ; 1]*

Également :

﴿ قَدْ كَانَتْ لَكُمْ أُسْوَةٌ حَسَنَةٌ فِىٓ إِبْرَٰهِيمَ وَٱلَّذِينَ مَعَهُۥٓ إِذْ قَالُوا۟ لِقَوْمِهِمْ إِنَّا بُرَءَٰٓؤُا۟ مِنكُمْ وَمِمَّا تَعْبُدُونَ مِن دُونِ ٱللَّهِ كَفَرْنَا بِكُمْ وَبَدَا بَيْنَنَا وَبَيْنَكُمُ ٱلْعَدَٰوَةُ وَٱلْبَغْضَآءُ أَبَدًا حَتَّىٰ تُؤْمِنُوا۟ بِٱللَّهِ وَحْدَهُۥٓ ﴾

« Certes, vous avez eu un bel exemple [à suivre] en Abraham et en ceux qui étaient avec lui, quand ils dirent à leur peuple : Nous vous désavouons, vous et ce que vous adorez en dehors d'Allah. Nous vous renions. Entre vous et nous, l'inimitié et la haine sont à jamais déclarées jusqu'à ce que vous croyiez en Allah, seul »*. [Al Mumtahinah ; 4]*

Et aussi :

﴿ وَإِذْ قَالَ إِبْرَٰهِيمُ لِأَبِيهِ وَقَوْمِهِۦٓ إِنَّنِى بَرَآءٌ مِّمَّا تَعْبُدُونَ ﴿٢٦﴾ إِلَّا ٱلَّذِى فَطَرَنِى فَإِنَّهُۥ سَيَهْدِينِ ﴿٢٧﴾ وَجَعَلَهَا كَلِمَةًۢ بَاقِيَةً فِى عَقِبِهِۦ لَعَلَّهُمْ يَرْجِعُونَ ﴿٢٨﴾ ﴾

« Et lorsqu'Abraham dit à son père et à son peuple : Je désavoue totalement ce que vous adorez. À l'exception de Celui qui m'a créé, car c'est Lui en vérité qui me guidera. Et il en fit une parole qui devait se perpétuer parmi sa descendance. Peut-être reviendront-ils ? » *[Az-Zukhruf ; 26/27/28]*

Et le désaveu signifie : avoir de l'inimitié et du rejet pour les *kuffâr* (mécréants), ce qui entraine le fait de ne pas s'allier avec eux, ni de les soutenir (c'est-à-dire de manière idéologique ; le désaveu et le rejet signifient : de ne pas les soutenir ou de s'allier avec eux dans leur mécréance et leur polythéisme).

C'est pour cela qu'Allah nous dit dans le ***Qur'ân*** :

﴿ لَّا تَجِدُ قَوْمًا يُؤْمِنُونَ بِٱللَّهِ وَٱلْيَوْمِ ٱلْءَاخِرِ يُوَآدُّونَ مَنْ حَآدَّ ٱللَّهَ وَرَسُولَهُۥ وَلَوْ كَانُوٓا۟ ءَابَآءَهُمْ أَوْ أَبْنَآءَهُمْ أَوْ إِخْوَٰنَهُمْ أَوْ عَشِيرَتَهُمْ ۚ أُو۟لَٰٓئِكَ كَتَبَ فِى قُلُوبِهِمُ ٱلْإِيمَٰنَ وَأَيَّدَهُم بِرُوحٍ مِّنْهُ ﴾

« Tu ne trouveras pas un peuple qui croit en Allah et au Jour dernier, prendre pour amis ceux qui s'opposent à Allah et à Son Messager, fussent-ils leurs pères, leur fils, leurs frères ou les gens de leur tribu. Il a prescrit la foi dans leurs cœurs et Il les a aidés de Son secours »*. [Al Mujâdalah ; 22]*

Ainsi, s'allier avec eux de manière idéologique, ou les soutenir, ou avoir de l'affection ou de l'amour ou les assister contre les musulmans revient à les prendre en amitié et à s'opposer à Allah le Tout Puissant, ainsi qu'à son messager ﷺ.

Allah nous dit dans le Qur'ân :

﴿ لَّا تَجِدُ قَوْمًا يُؤْمِنُونَ بِٱللَّهِ وَٱلْيَوْمِ ٱلْآخِرِ
يُوَآدُّونَ مَنْ حَآدَّ ٱللَّهَ وَرَسُولَهُۥ ﴾

« Tu ne trouveras pas un peuple qui croit en Allah et au Jour dernier, prendre pour amis ceux qui s'opposent à Allah et à Son Messager ».

Nous avions vu ces points quand nous avions abordé l'alliance et le désaveu en Islâm.

Nous avions vu aussi que quand nous parlons d'amour et d'affection, nous ne parlons pas de l'amour naturel qu'il peut y avoir entre un musulman et ses proches non-musulmans, ou l'amour naturel qu'il peut y avoir entre un musulman qui est marié à une femme juive ou chrétienne (il l'aime comme un époux peut aimer sa femme sauf qu'il ne doit pas aimer la religion qu'elle pratique).

En ce qui concerne l'amour filial, le musulman dont les parents sont non-musulmans, se doit d'aimer ses parents, et doit être bienfaisant à leur égard, et ceci est obligatoire en Islâm ; il doit répondre à leurs demandes tant qu'elles ne s'opposent pas à l'Islâm. Cependant, il doit détester leur mécréance, car le musulman ne peut aimer ce qui s'oppose à l'Islâm.

Nous avions vu également qu'en ce qui nous concerne nous, les musulmans qui vivons en Europe parmi les non-musulmans, il nous est obligatoire d'avoir du respect pour les individus (il nous est interdit de les voler, de les trahir, ou d'être déloyal quand nous faisons du commerce avec eux, et bien sûr, il nous est interdit de faire couler leur sang, ou de commettre des attentats, etc.).

Nous rejetons leurs idéologies, leurs croyances, leur mécréance, et nous nous en désavouons tout en conservant un bon comportement à leur égard.

Et le prophète ﷺ, quand il a envoyé Mu'âdh au Yémen pour appeler les chrétiens à l'Islâm, il lui a dit : ***« Crains Allah où que tu sois, fais suivre la mauvaise action d'une bonne action et elle l'effacera, et comporte-toi avec les gens en faisant preuve d'un bon comportement ».*** Rapporté par At-tirmidhî et authentifié par Shaykh Al Albânî رحمه الله. (Cf. Ibn Rajab)

Ainsi, nous rejetons leurs idéologies, leurs dogmes, leur mécréance, leurs croyances, qui s'opposent à l'Islâm. Nous nous en désavouons, tout en conservant un bon comportement.

D'ailleurs, en ce qui concerne les échanges commerciaux, industriels, ou technologiques ou en ce qui concerne l'échange d'information traitant des choses de cette *duniyah* (vie mondaine) qui ne s'opposent pas à l'Islâm, il n'y a aucun mal dans cela, et ceci n'entre absolument pas dans l'alliance avec les non-musulmans, de quelques manières que ce soit.

C'est pour cela qu'Allah ﷻ nous dit dans le ***Qur'ân :***

﴿ لَّا يَنْهَىٰكُمُ ٱللَّهُ عَنِ ٱلَّذِينَ لَمْ يُقَـٰتِلُوكُمْ فِى ٱلدِّينِ وَلَمْ يُخْرِجُوكُم مِّن دِيَـٰرِكُمْ أَن تَبَرُّوهُمْ وَتُقْسِطُوٓا۟ إِلَيْهِمْ ۚ إِنَّ ٱللَّهَ يُحِبُّ ٱلْمُقْسِطِينَ ﴾

« Allah ne vous défend pas d'être bienfaisants et équitables envers ceux qui ne vous ont pas combattus pour la religion et ne vous ont pas chassés de vos demeures. Car Allah aime les équitables ». *[Al Mumtahinah ; 8]*

Ainsi, soyez équitables avec eux. Il n'y a pas de mal à échanger avec eux dans les choses qui ne s'opposent pas à l'Islâm, et c'est pour cela qu'Allah dit dans le ***Qur'ân*** :

﴿ إِنَّمَا يَنْهَىٰكُمُ ٱللَّهُ عَنِ ٱلَّذِينَ قَٰتَلُوكُمْ فِى ٱلدِّينِ وَأَخْرَجُوكُم مِّن دِيَٰرِكُمْ
وَظَٰهَرُوا۟ عَلَىٰٓ إِخْرَاجِكُمْ أَن تَوَلَّوْهُمْ ۚ وَمَن يَتَوَلَّهُمْ فَأُو۟لَٰٓئِكَ هُمُ ٱلظَّٰلِمُونَ ﴾

« *Allah vous défend seulement de prendre pour alliés ceux qui vous ont combattus pour la religion, chassés de vos demeures et ont aidé à votre expulsion. Et ceux qui les prennent pour alliés sont les injustes* ». *[Al Mumtahinah ; 9]*

Ce qui est visé ici, c'est l'alliance, le soutien, l'affection, d'un point de vue idéologique. Quant au fait de traiter dans les domaines touchant le commerce, les échanges industriels et technologiques, ou les choses concernant cette *duniyah*, les choses concernant cette vie d'ici-bas, il n'y a aucun mal dans cela.

Le prophète ﷺ lui-même avait conclu des traités et des accords avec les juifs. Il avait, par ailleurs, mis en gage sa cuirasse chez un commerçant juif, il employait même un jeune garçon juif comme domestique. Il s'agit de ce jeune à qui le prophète ﷺ avait rendu visite alors qu'il était sur son lit de mort, dans les derniers instants de sa vie. Donc le prophète ﷺ lui avait rendu visite et l'avait invité à se convertir à l'Islâm ; le jeune qui était dans les derniers instants de sa vie avait regardé son père pour lui demander la permission, et son père avait dit : « obéis donc à Abu-Al-Qâssim ! » C'est-à-dire : obéis au prophète ﷺ et convertis-toi à l'Islâm !

Ce père juif savait que l'Islâm était la vérité et que le prophète ﷺ était véridique, mais par orgueil et fierté mal placée, il avait refusé de dire : « obéis au prophète ﷺ », et il a dit : « Obéis à Abu Al Qâssim » (qui était la *kuniyah* du prophète ﷺ, c'était son surnom).

Et le jeune s'était converti à l'Islâm en témoignant que nulle divinité n'est digne d'adoration en dehors d'Allah, et que Mouhammad est son messager ﷺ.

Ainsi, ce qu'on déduit de ce récit, c'est que le fait de traiter avec les *kuffâr*, ou d'échanger avec eux dans ce qui concerne les choses d'ici-bas n'entre pas sous la dénomination d'alliance avec eux, ou ne veut pas dire qu'on a de l'affection ou de l'amour pour eux, ou qu'on les soutient d'un point de vue idéologique.

Et certaines personnes à notre époque ont confondu ces notions. Ainsi, pour eux, le simple fait d'avoir des accords commerciaux ou industriels prouve l'alliance avec les *kuffâr*, et ceci est faux. C'est erroné et nul parmi les gens de science n'a jamais dit cela.

Et même si Khumaynî et ceux qui le suivent clament à tue-tête et accusent les musulmans d'*ahl as-sunnah wal jamâ'ah* d'être alliés aux kuffâr, en réalité, ce sont eux leurs plus grands alliés, et ceci est vérifiable aux yeux de l'histoire ; historiquement, ce sont eux les plus grands alliés des *kuffâr :* ce sont eux qui se sont alliés aux Tatars pour s'emparer de Bagdad et mettre fin au califat en l'an 656 de l'hégire, qui correspond au douzième siècle du calendrier grégorien. Et dans l'histoire, à chaque fois que des états ennemis se sont opposés aux gens de la sunnah, les chiites en général et les *rawâfidh* en particulier les ont toujours aidés et supportés et se sont toujours alliés avec eux. Telle est leur nature, c'est ainsi que sont les *rawafidh*, les chiites. Car, en réalité, ce sont les ennemis de l'Islâm et des musulmans, et leur credo, leur secte ont été érigés, fondés et reposent sur la haine des gens de la sunnah, la haine des sunnites, et en premier lieu la haine qu'ils ont à l'égard des *Sahâbah*, la haine qu'ils ont à l'égard des nobles Compagnons du prophète ﷺ, et ce, jusqu'à nos jours. Ils n'ont rien compris à ces notions d'alliance et de désaveu.

L'alliance et le désaveu se font en fonction des critères fixés par la religion : que ton alliance soit pour Allah, son prophète ﷺ et les croyants.

Comme nous dit Allah dans le ***Qur'ân*** :

﴿ وَمَن يَتَوَلَّ ٱللَّهَ وَرَسُولَهُۥ وَٱلَّذِينَ ءَامَنُواْ فَإِنَّ حِزۡبَ ٱللَّهِ هُمُ ٱلۡغَٰلِبُونَ ﴾

« Et quiconque prend pour alliés Allah, Son messager et les croyants [réussira] car c'est le parti d'Allah qui sera victorieux ». *[Al Mâ'idah ; 56]*

Donc, concernant le commerce et les échanges industriels, technologiques, ou le fait d'employer ou de tirer avantage des découvertes scientifiques, il n'y pas d'interdiction, tant que cela ne s'oppose pas aux règles de l'Islâm. Le prophète ﷺ avait des échanges et traitait avec les non-musulmans, de même que les *sahâbah*, et ceci est confirmé par les textes, et n'entre pas dans l'alliance et le désaveu. En réalité, l'alliance et le désaveu concernent le fait d'être leur partisan, de les soutenir idéologiquement, de s'allier à eux contre les musulmans, voilà ce qui est visé par l'alliance et le désaveu.

De fait, la compréhension authentique de l'Islâm c'est : la soumission à Allah par la pratique du *tawhîd* (monothéisme), l'assujettissement en Lui obéissant, et le désaveu du polythéisme et de ses adeptes, sachant que l'assujettissement en Lui obéissant (*al inqiyâd lahu bit-tâ'ah*) consiste à mettre en pratique Ses commandements et à s'écarter de Ses interdits.

Aussi, l'Islâm est bâti sur cinq piliers, comme la rapporté l'auteur et comme le prouve le hadith de 'Abdillah Ibn 'Omar qui dit que le prophète ﷺ a dit : ***« l'Islâm est bâti sur cinq : le témoignage qu'il n'existe de divinité digne d'adoration si ce n'est Allah et que Mouhammad est son messager, l'accomplissement de la prière, le versement de la zakât (l'aumône légale), le jeûne du mois de Ramadhân, et le pèlerinage à la maison sacrée d'Allah »***, et ceci a été rapporté également dans le hadith de Jibril, comme cela sera développé ultérieurement inchaâllah.

بِسۡمِ ٱللَّهِ ٱلرَّحۡمَٰنِ ٱلرَّحِيمِ

Bismillâhi r-rahmâni r-rahîm

La preuve concernant **l'attestation**, est la parole d'Allah ﷻ :

﴿ شَهِدَ ٱللَّهُ أَنَّهُۥ لَآ إِلَٰهَ إِلَّا هُوَ وَٱلۡمَلَٰٓئِكَةُ وَأُوْلُواْ ٱلۡعِلۡمِ قَآئِمَۢا بِٱلۡقِسۡطِۚ لَآ إِلَٰهَ إِلَّا هُوَ ٱلۡعَزِيزُ ٱلۡحَكِيمُ ﴾

« Allah atteste, de même que les Anges et les gens de science, qu'il n'existe de divinité digne d'adoration si ce n'est Lui, Le Mainteneur de la justice. Nulle divinité digne d'adoration sauf Lui, le Puissant, le Sage ! » *[Âl 'Imrân ; 18]*

Le sens de « *lâ ilâha illâ Allah* » : (***lâ ma'bûd bi haqq illâ Allâh***) ; nul ne mérite d'être adoré de droit si ce n'est Allah.

Le sens de : « ***Lâ ilâha* : Nulle divinité digne d'adoration** » est une négation (***nafy***), le rejet de tout ce qui est adoré en dehors d'Allah. Et le sens de : « ***illâ Allah* : sauf Allah** », est une affirmation (***Ithbât***) qui signifie que l'adoration ne doit être accomplie uniquement et seulement pour Allah Seul. Il n'a pas d'associé dans Son adoration, tout comme il n'a pas d'associé dans la création.

Et l'explication clarifiée de cette attestation réside dans la parole :

﴿ وَإِذْ قَالَ إِبْرَٰهِيمُ لِأَبِيهِ وَقَوْمِهِۦٓ إِنَّنِى بَرَآءٌ مِّمَّا تَعْبُدُونَ ﴿٢٦﴾ إِلَّا ٱلَّذِى فَطَرَنِى فَإِنَّهُۥ سَيَهْدِينِ ﴿٢٧﴾ وَجَعَلَهَا كَلِمَةًۢ بَاقِيَةً فِى عَقِبِهِۦ لَعَلَّهُمْ يَرْجِعُونَ ﴿٢٨﴾ ﴾

« Et lorsqu'Abraham dit à son père et à son peuple : "Je désavoue totalement ce que vous adorez, à l'exception de Celui qui m'a créé, car c'est Lui en vérité qui me guidera". Et il en fit une parole qui devait se perpétuer parmi sa descendance. Peut-être y reviendront-ils. » *[Az-Zukhruf ; 26/27/28]*

Et également dans Sa parole :

﴿ قُلْ يَٰٓأَهْلَ ٱلْكِتَٰبِ تَعَالَوْا۟ إِلَىٰ كَلِمَةٍ سَوَآءٍۭ بَيْنَنَا وَبَيْنَكُمْ أَلَّا نَعْبُدَ إِلَّا ٱللَّهَ وَلَا نُشْرِكَ بِهِۦ شَيْـًٔا وَلَا يَتَّخِذَ بَعْضُنَا بَعْضًا أَرْبَابًا مِّن دُونِ ٱللَّهِ ۚ فَإِن تَوَلَّوْا۟ فَقُولُوا۟ ٱشْهَدُوا۟ بِأَنَّا مُسْلِمُونَ ﴾

« Dis : "Ô gens du Livre ! Venez à une parole commune entre nous et vous : que nous n'adorions qu'Allah, sans rien Lui associer, et que nous ne prenions point les uns les autres pour seigneurs en dehors d'Allah". Puis, s'ils tournent le dos, dîtes : "Soyez témoins que nous, nous sommes soumis". »
[Âl 'Imrân ; 64]

COMMENTAIRES

Donc le shaykh Mouhammed Ibn 'Abdel Wahhâb, dans ce paragraphe, nous explique le sens de « ***lâ ilâha illâ Allah »***.

Le shaykh a tout d'abord mis en évidence la preuve de l'obligation de la *shahâdah*, la preuve de l'obligation de ce témoignage, en nous citant la parole d'Allah :

﴿ شَهِدَ ٱللَّهُ أَنَّهُۥ لَآ إِلَٰهَ إِلَّا هُوَ وَٱلْمَلَٰٓئِكَةُ وَأُو۟لُوا۟ ٱلْعِلْمِ قَآئِمًۢا بِٱلْقِسْطِ ۚ لَآ إِلَٰهَ إِلَّا هُوَ ٱلْعَزِيزُ ٱلْحَكِيمُ ﴾

« Allah atteste, de même que les Anges et les gens de science, qu'il n'existe de divinité digne d'adoration en dehors de Lui, Le Mainteneur de la justice. Nulle divinité digne d'adoration sauf Lui, Le Puissant, le Sage ! » *[Âl 'Imrân ; 18]*

Ainsi, Allah atteste au sujet de sa propre personne, et les anges eux aussi attestent, et également les gens de science. Et Allah n'avait nul besoin de témoigner. Cependant, Il l'a fait pour amener les gens à reconnaître son unicité, et également pour mettre en évidence la supériorité de ce témoignage et sa grande importance. Allah a ainsi uni et relié l'attestation des anges et celle des gens de science à la Sienne ! Allah a réuni dans ce verset son propre témoignage, celui des anges, et celui des gens de science.

On déduit de tout cela la grande valeur de ceux qui recherchent la science *(tullâb el 'ilm*), car Allah ﷻ les a honorés par le fait d'avoir uni leur témoignage à celui des anges, et au Sien. Allah a donc démontré clairement que ce témoignage était un témoignage grandiose et illustre, puis Allah conclut le verset en disant :

﴿ لَآ إِلَٰهَ إِلَّا هُوَ ٱلْعَزِيزُ ٱلْحَكِيمُ ﴾

« Nulle divinité digne d'adoration sauf lui le Puissant, le Sage ! »

Puis, l'auteur a expliqué le sens de cette parole ***« lâ ilâha illâ Allah »*** ; cette noble parole englobe et renferme deux formules, deux notions : une formule de négation et une formule d'affirmation.

« Lâ ilâha » correspond à la négation, tandis que « ***illâ Allah*** » correspond, elle, à l'affirmation.

Ce témoignage comprend donc deux formules, deux notions, qui sont inséparables. Il ne s'agit pas de les séparer l'une de l'autre comme le font certains soufis, qui ont délaissé la formule « *lâ ilâha »* et qui se contentent de répéter en boucle : *« illâ Allah, illâ Allah »*. Et ceci n'est pas correct, ceci est une erreur grossière ; il est nécessaire de rassembler les deux formules *« lâ ilâha... illâ Allah » !* Et le fait de se contenter de la formule *« illâ Allah »* n'a aucun sens ni aucune valeur.

Car si tu croises une personne marchant dans la rue en répétant : « illâ Zayd, illâ Zayd, illâ Zayd » !

Que penserais-tu ? Que va-t-on penser de cette personne ? On va se dire que cette personne est troublée, qui n'a plus toute sa raison, démente, insensée, ridicule…

Aussi, il est nécessaire de regrouper les deux formules, les deux notions : ***« lâ ilâha illâ Allah !»***

« Lâ ilâha » : (nulle divinité n'est digne d'adoration) correspond à la négation du droit à l'adoration pour qui que ce soit ou quoi que ce soit ; que ce soit un homme, un djinn, un animal, un végétal, une pierre, une statue, une étoile, une planète, etc.

« Illâ Allah » : (sauf Allah) est l'affirmation de ce droit à Allah seul, en toute exclusivité : tout acte d'adoration se doit d'être destiné uniquement à Allah ﷻ, Seul !

Il ne suffit pas de répéter en boucle *« illâ Allah, illâ Allah »* comme le font les soufis, ni de répéter en boucle également *« Allah, Allah, Allah »* comme le font également les soufis, qui se dandinent et dansent en répétant : « *Allah, Allah, Allah* », d'une seule voix, pendant que d'autres encore se contentent de dire : *« houw, houw, houw »*, qui est la contraction du pronom personnel « *houwa* » (Lui), en pensant que « *houw* » fait partie des noms parfaits d'Allah, ou que c'est un rappel d'Allah ; alors que « *houw* » ne fait pas partie des noms parfaits d'Allah, et ceux qui crient et qui déclament en répétant cette parole « *houw houw* » se sont fait tromper par *Shaytâne* (Satan) qui leur a enjolivé leur égarement. En conséquence, il est nécessaire d'être vigilant vis-à-vis de tout cela.

Shaykh Souhaymi حفظه الله nous dit même que, depuis un moment, il lui arrive d'entendre à la radio dans certains pays musulmans, des programmes dans lesquels des gens répétaient *« houwa houwa houwa »* en boucle, et parfois on entend *« illâ Allah, illâ Allah, illâ Allah »*, et tout ceci, en vérité, relève de l'égarement. Par ces choses, par ces agissements, on éloigne les musulmans de leur religion, on les éloigne du Tawhîd authentique, ce tawhîd qui est issu du livre d'Allah ﷻ et de la Sunnah de son Messager ﷺ : « *al Qur'ân was-Sunnah* » ; le Coran et la Sunnah, qui ne contiennent ni incomplétude ni excédent (qui n'ont donc pas besoin qu'on en enlève quoi que ce soit ou qu'on en rajoute quoi que ce soit).

De même, les deux notions, la négation et l'affirmation, sont nécessaires et essentielles à la compréhension correcte de cette noble parole qui est *« lâ ilâha illâ Allah »*.

La négation de tout ce qui est adoré en dehors d'Allah, et l'affirmation que le droit à l'adoration revient à Allah seul ! Ainsi, le sens de *« lâ ilâha illâ Allah »* revient à affirmer qu'il n'existe, en vérité, aucune divinité digne d'adoration sauf Allah ! (*Lâ ma'bûd bi haqq illâ Allah !*)

Et quiconque explique le sens de « *lâ ilâha illâ Allah* » par autre que cela s'est égaré et s'est éloigné du sens véritable, et a compris cette attestation de manière erronée

De fait, ceux qui disent que *« lâ ilâha illâ allah »* veut signifier qu'il n'y a de seigneur et de créateur qu'Allah se trompent ! Bien évidemment, il n'y a de seigneur et de créateur qu'Allah, mais ce n'est pas le sens voulu par cette attestation, car les polythéistes de La Mecque, à qui le Prophète ﷺ a prêché, savaient très bien qu'il n'y a de créateur et de seigneur qu'Allah, sauf qu'ils L'adoraient en Lui associant une multitude de fausses divinités dans son culte.

Ainsi, ceux qui disent que *« lâ ilâha illâ Allah »* signifie qu'il n'y a de Seigneur qu'Allah se sont égarés, sauf s'ils visent par le terme « Seigneur » ? (*Ar-Rabb=Al Ilâh* : c'est-à-dire celui qui mérite qu'on lui voue un culte et qu'on lui destine nos adorations de manière exclusive).

Quant à ceux qui définissent *« lâ ilâha illâ Allah »* comme voulant dire qu'il n'y a d'existence qu'Allah, ou que rien n'existe si ce n'est Allah, qui est la doctrine de l'unité de l'existence (*wahdat al wujûd*), ceux-là se sont également égarés, car tu existes et Allah existe ! Sauf que l'existence d'Allah n'est aucunement comparable à ton existence.

Et parmi ceux qui prônent l'unité de l'existence, certains disent que *« lâ ilâha illâ Allah »* signifie : *« faire sortir du cœur la mauvaise certitude pour la remplacer par la certitude correcte en ce qui concerne Allah »* (ou une phrase similaire), ce qui signifie en réalité, chez eux, que toute chose que tu vois en fait c'est Allah, tout ce qui est devant toi c'est Allah, comme le disait Ibn 'Arabî et les gens de son espèce. Ibn 'Arabî disait : « rien ne se trouve sous cette toge sauf Allah », mais il ne faut pas confondre entre Ibn 'Arabî le ***ṯâghût***, et Ibn Al 'Arabî qui lui, était *ash'arî* (il avait des erreurs au niveau de l'interprétation de certains attributs d'Allah) mais il n'était pas soufi, ou mystique *batiniste*, et malgré ses erreurs, il est considéré comme faisant partie des gens de la Sunnah, et il a écrit des livres très profitables et bénéfiques.

Quant à Ibn 'Arabî, qu'Allah le châtie, lui, est une personne qui a eu l'audace de dire des paroles démesurées au sujet d'Allah et de la religion. Il a dit par exemple :

Que : « Fir'awn était mieux guidé que Moussa, quand il lui a dit : « *anâ rabukum al a'lâ* ».

Quand Moussa s'est présenté à Pharaon (Fir'awn) pour qu'il se soumette à Allah, Pharaon a dit : **« Je suis** votre Seigneur le Très-Haut ! » Et Ibn 'Arabî considère que Pharaon était mieux guidé que Moussa. Mais en réalité, c'est logique, vu que pour Ibn 'Arabî toute chose est Allah, *wal 'iyâdhu billah.*

Et cet Ibn 'Arabî est adoré à la place d'Allah dans certains pays musulmans, et en Syrie les gens tournent autour de sa tombe et se prosternent devant sa tombe, et ils l'invoquent, espérant se rapprocher d'Allah. Alors que ce personnage est parmi les pires de la création, c'est un véritable *tâghût.* Et même s'il avait été une personne pieuse, il est interdit en Islâm d'adorer autre qu'Allah, que ce soit un ange rapproché ou un prophète envoyé, comme nous l'avons vu lors des séances précédentes.

Certains le surnomment le revivificateur de la religion, alors qu'en réalité, il est l'assassin de la religion à laquelle il nuit gravement par ses paroles !

Cette personne prétend que les grands pieux, les élus d'Allah, ont atteint des rangs supérieurs aux prophètes, cette personne a des vers de poésie dans lesquels il dit clairement qu'Allah se trouve en toute chose, et même dans le porc et le chien ; pour lui, Allah est toute chose : que ce soit un mur, une montagne, les animaux, les humains, les cieux, la terre ; toute chose est Allah ! Pour cette personne, le sens de *« lâ ilâha illâ Allah »* signifie : « rien n'existe si ce n'est Allah. »

Cette personne a prétendu qu'elle était Allah ! Il s'est attribué les caractéristiques d'Allah ! Existe-t-il une mécréance plus grande que celle-ci ?

Même *Fir'awn* n'a pas atteint ce niveau dans la mécréance, et pourtant il a prétendu être Allah ﷻ, et tout le monde sait que c'est une parole de mécréance. Cependant, Ibn 'Arabî, lui, prononce des paroles qu'il attribue à l'Islâm, il dit : « rien ne se trouve sous cette toge si ce n'est Allah » ! Il a beaucoup de paroles qui vont dans ce sens ; il a écrit beaucoup de vers de poésie qui vont dans ce sens et le résumé de tout ce qu'il dit c'est : « le Seigneur et le serviteur sont la même personne, le seigneur est serviteur et le serviteur est seigneur » !

Et que personne ne vienne dire que ce genre de pensée a disparu, ceci est une erreur ! Cette parole est toujours répandue dans la *Ummah (communauté),* et ceux qui appellent à l'unité de l'existence sont encore présents à notre époque, dans beaucoup de pays musulmans, et ces gens se revendiquent de l'Islâm.

Tel (à notre époque) un certain Mustafa Mahmud qui, dans beaucoup de cassettes vidéo d'émissions télévisées, propage ce dogme de l'unité de l'existence, dans des programmes qui ont trompé et égaré beaucoup de gens. Ainsi, Ibn 'Arabî est encore de ce monde, son héritage est toujours présent, comme on dit « chaque peuple a toujours un héritier ».

La pensée d'Ibn 'Arabî est donc toujours présente, et cette croyance de panthéisme est toujours présente à l'échelle du monde musulman. Dans chaque pays, tu trouves des gens qui appellent à cette croyance, et même chez nous il y a quelques années, il y avait une personne parmi nous, un étranger qui a quitté définitivement le territoire, qui réunissait les gens chez lui lors de la commémoration de l'anniversaire du Prophète ﷺ, et il y a même des enregistrements où on l'entend parler et divaguer, et on l'entend même dire : « je suis Allah ! »

Existe-t-il une mécréance plus grande que celle-ci ?

Et ce genre de pensée existe de nos jours encore, et est présente chez certains musulmans !

Il faut se rendre à l'évidence, ces choses, ces croyances sont présentes parmi les musulmans et ces gens attribuent ces égarements à l'Islâm, ils disent que c'est l'Islâm !

Il suffit juste de savoir que cet Ibn 'Arabî est adoré dans certains pays musulmans et qu'on lui a dédié des mausolées.

Est-ce celui-ci le sens de *« lâ ilâha illâ Allah »* : nulle existence sauf Allah ? Non !

Le sens de cette parole est : il n'existe nulle divinité digne d'adoration sauf Allah. Quiconque alors explique cette noble parole par autre chose s'est égaré et est tombé dans l'erreur.

Nulle divinité n'est digne d'adoration sauf Allah ! Car il existe une multitude de divinités ! Toute chose qui est adorée est une divinité, cependant, elles sont toutes fausses !

A 'Arafat, lors du pèlerinage, j'ai entendu une personne qui proclamait les paroles d'Ibn 'Arabî. Aussi, que personne ne vienne nous dire : « vous, vous ne cessez de répéter toujours les mêmes choses, alors que cette pensée a disparu avec le temps, alors que les musulmans ont été envahis par leurs ennemis de partout, ils sont dominés, et vous, vous répétez ces choses ».

Mais, en vérité, ce sont ces choses qui ont divisé les musulmans ; ce qui a divisé et affaibli les musulmans, c'est le fait qu'ils aient suivi untel ou untel, tel ou tel groupe, ou ils se sont affiliés à untel ou untel ! Les groupes sont présents !

Tout comme a dit l'Imâm Mâlik : « rien n'améliorera la situation des derniers de cette communauté si ce n'est ce qui a amélioré l'état des premiers ! »

Concernant l'explication de la parole *« lâ ilâha illâ Allah »,* Allah a clarifié son sens dans le ***Qur'ân***, quand Il nous dit :

﴿ وَإِذْ قَالَ إِبْرَٰهِيمُ لِأَبِيهِ وَقَوْمِهِۦٓ إِنَّنِى بَرَآءٌ مِّمَّا تَعْبُدُونَ ﴿٢٦﴾
إِلَّا ٱلَّذِى فَطَرَنِى فَإِنَّهُۥ سَيَهْدِينِ ﴿٢٧﴾ ﴾

« Et lorsqu'Abraham dit à son père et à son peuple : "Je désavoue totalement ce que vous adorez, à l'exception de Celui qui m'a créé, car c'est Lui en vérité qui me guidera ».
[Az-zukhruf ; 26/27]

La première section : « *Je désavoue totalement ce que vous adorez* » correspond à **« lâ ilâha** » !

« À l'exception de Celui qui m'a créé » correspond à « **illâ Allah** ».

﴿ وَجَعَلَهَا كَلِمَةً بَاقِيَةً فِي عَقِبِهِۦ لَعَلَّهُمْ يَرْجِعُونَ ﴾

« Et il en fit une parole qui devait se perpétuer parmi sa descendance »

jusqu'à nos jours et ce jusqu'au jour où tout retournera à Allah, et le Prophète Mouhammed ﷺ, en vérité, fait partie de la descendance d'Abraham.

On trouve également l'explication de *« lâ ilâha illâ Allah »* dans la parole d'Allah :

﴿ قُلْ يَٰٓأَهْلَ ٱلْكِتَٰبِ تَعَالَوْا۟ إِلَىٰ كَلِمَةٍ سَوَآءٍۭ بَيْنَنَا وَبَيْنَكُمْ أَلَّا نَعْبُدَ إِلَّا ٱللَّهَ وَلَا نُشْرِكَ بِهِۦ شَيْـًٔا ﴾

« Dis : Ô gens du Livre ! Venez à une parole commune entre nous et vous : que nous n'adorions qu'Allah, sans rien Lui associer »

Les gens du livre sont les juifs et les chrétiens. Ils ont été appelés « gens du livre » car ils ont reçu un livre révélé : la thora et l'évangile !

Donc Allah a dit :

﴿ قُلْ يَٰٓأَهْلَ ٱلْكِتَٰبِ تَعَالَوْا۟ إِلَىٰ كَلِمَةٍ سَوَآءٍۭ بَيْنَنَا وَبَيْنَكُمْ أَلَّا نَعْبُدَ إِلَّا ٱللَّهَ وَلَا نُشْرِكَ بِهِۦ شَيْـًٔا وَلَا يَتَّخِذَ بَعْضُنَا بَعْضًا أَرْبَابًا مِّن دُونِ ٱللَّهِ ﴾

« Ô gens du Livre ! Venez à une parole commune entre nous et vous : que nous n'adorions qu'Allah, sans rien Lui associer, et que nous ne prenions point les uns les autres pour seigneurs en dehors d'Allah »

À notre époque, beaucoup de gens se sont pris les uns les autres pour seigneurs, et ce, par divers moyens.

بِسۡمِ ٱللَّهِ ٱلرَّحۡمَٰنِ ٱلرَّحِيمِ

Bismillâhi r-rahmâni r-rahîm

La preuve concernant **l'attestation que Mohammed est le Messager d'Allah** ﷺ, est la parole d'Allah ﷻ :

﴿ لَقَدۡ جَآءَكُمۡ رَسُولٞ مِّنۡ أَنفُسِكُمۡ عَزِيزٌ عَلَيۡهِ مَا عَنِتُّمۡ حَرِيصٌ عَلَيۡكُم بِٱلۡمُؤۡمِنِينَ رَءُوفٞ رَّحِيمٞ ﴾

« Certes, un Messager issu de vous-même, est venu à vous, auquel pèsent lourd les difficultés que vous subissez, qui est plein de sollicitude pour vous, et qui est envers les croyants, compatissant et miséricordieux. » *[At-Tawbah ; 128]*

La signification de l'attestation que Mohammed ﷺ est le Messager d'Allah c'est :

1) Obéir à tous ses commandements ;

2) Attester de la véracité des informations dont il nous a fait part ;

3) S'écarter de ce qu'il a interdit et réprimé ;

4) Et n'adorer Allah qu'avec ce qu'il a légiféré.

Telle est la signification de l’attestation que Mouhammed ﷺ est le Messager d’Allah, et c’est le second pilier du Tawhîd, car le tawhîd repose sur deux piliers, deux colonnes :

L’attestation qu’il n’existe de divinité digne d’adoration sauf Allah, et l’attestation que Mouhammed est le Messager d’Allah ﷺ.

Attester que Mouhammed ﷺ est le Messager d’Allah n’est pas une simple parole que l’on prononce par la langue, bien au contraire, cette attestation implique de notre part que nous l’imitions et suivions son exemple dans toute chose, petite ou grande.

Attester que Mouhammed ﷺ est le Messager d’Allah entraine nécessairement de notre part que nous suivions son exemple dans toute chose, petite ou grande.

Comme nous dit Allah dans le ***Qur’ân*** :

﴿ لَقَدْ جَآءَكُمْ رَسُولٌ مِّنْ أَنفُسِكُمْ عَزِيزٌ عَلَيْهِ مَا عَنِتُّمْ حَرِيصٌ عَلَيْكُم بِٱلْمُؤْمِنِينَ رَءُوفٌ رَّحِيمٌ ﴾

« Certes, un Messager issu de vous-même, est venu à vous, auquel pèsent lourd les difficultés que vous subissez, qui est plein de sollicitude pour vous, et qui est envers les croyants, compatissant et miséricordieux. »

Allah nous dit également :

﴿ لَّقَدْ كَانَ لَكُمْ فِى رَسُولِ ٱللَّهِ أُسْوَةٌ حَسَنَةٌ لِّمَن كَانَ يَرْجُوا۟ ٱللَّهَ وَٱلْيَوْمَ ٱلْءَاخِرَ وَذَكَرَ ٱللَّهَ كَثِيرًا ﴾

« Vous avez dans le Messager d’Allah un excellent modèle à suivre, pour quiconque espère en Allah et au Jour dernier et invoque Allah fréquemment. » *[Al-Ahzâb ; 21]*

COMMENTAIRES

Le Prophète ﷺ a transmis le message, il s'est acquitté de ce qui lui avait été confié, il a conseillé la communauté, il a combattu pour Allah d'un bon combat et il a laissé la communauté sur une voie claire de nuit comme de jour, ne s'en écarte qu'une personne vouée à la perdition.

Ainsi, le sens de l'attestation que Mouhammed ﷺ est le Messager d'Allah implique que nous lui obéissions dans les choses qu'il nous a ordonnées, que nous attestions la véracité des choses dont il nous a informées, que nous nous écartions des choses qu'il a interdites et réprouvées, et que nous n'adorions Allah uniquement en nous basant sur la législation qu'il nous a transmise, sans en rajouter quoi que ce soit ni en enlever quoi que ce soit.

Car il nous a tout transmis de manière complète et détaillée, et il a éclairci tous les points, il a clarifié tous les sujets, et ce, avant de rejoindre ﷺ, le Prophète nous a tout expliqué en détail avant de mourir ﷺ.

Comme le rapporte l'Imâm Al Bukhârî dans son *sahîh,* d'après Abî Dharr, qui dit :

« Le Messager d'Allah ﷺ ne quitta pas ce monde sans qu'il ne nous ait appris un enseignement à retirer, ne serait-ce celui d'un oiseau battant ses ailes dans le ciel »

Ainsi, celui qui nous a enseigné le meilleur des comportements à adopter quand on mange, quand on boit, quand on se met au lit, quand on voyage, celui qui nous a enseigné le meilleur des comportements à adopter lors des rapports conjugaux, ou des besoins naturels, celui qui nous a tout expliqué en détail, est-il imaginable qu'il ait oublié de nous transmettre quoi que ce soit concernant la religion ? Est-il concevable qu'il ait eu un manquement dans la transmission du message qu'Allah lui avait chargé de nous transmettre ?

Non, bien entendu ! Ceci n'est pas possible, ce n'est pas imaginable, il est inconcevable qu'il ait oublié de nous transmettre quoi que ce soit de son message prophétique, et de ce fait, vu qu'il nous a tout transmis et tout clarifié, il nous est interdit d'innover en ce qui concerne la religion, il ne nous est pas permis d'introduire dans la religion quoi que ce soit n'en faisant pas partie.

Comme l'a dit le Prophète ﷺ :

Man ahdatha fî amrinâ hadhâ mâ layssa minhu fa huwwa radd

« Quiconque introduira dans notre affaire (la religion) ce qui n'en fait pas partie sera rejeté »

On constate que les innovations religieuses se sont répandues, et ont submergé la *Ummah,* elles se sont généralisées dans les quatre coins du monde musulman et elles l'ont presque emporté sur les traditions prophétiques (*as-sunan*). Et nous dirons même qu'aujourd'hui, si tu mets en garde contre une pratique innovée, si tu mets en garde les gens contre une *bid'ah* (innovation), ils vont penser que tu leur interdis de pratiquer une Sunnah, et si tu les appelles à pratiquer telle ou telle sunnah, ils vont penser que tu les appelles à pratiquer une innovation, car, comme on dit : **« l'homme est l'ennemi de ce qu'il ne connait pas » !**

Parmi les innovations qui se sont répandues à notre époque, il y a le fait que les gens aient spécifié le mois de *Rajab* pour l'accomplissement de rites et d'adorations particulières, comme le fait de jeûner spécialement un jour de ce mois, ou d'accomplir tel ou tel acte d'adoration, en prétendant que ce jour correspond à l'anniversaire du voyage nocturne et de l'ascension (*al isrâ' wal mi'râj*).

Cependant, le fait de spécifier ce jour en commémoration du voyage nocturne et de l'ascension ne repose sur aucune preuve issue du Qur'ân ou de la Sunnah.

Bien sûr, le voyage nocturne et l'ascension du Prophète ﷺ sont authentiques, et y croire est obligatoire, aucun musulman n'éprouve le moindre doute à ce sujet.

Nous dirons même plus : la foi en ces événements a été imposée par Allah ﷻ qui nous dit dans le ***Qur'ân*** :

﴿ سُبْحَـٰنَ ٱلَّذِىٓ أَسْرَىٰ بِعَبْدِهِۦ لَيْلًا مِّنَ ٱلْمَسْجِدِ ٱلْحَرَامِ إِلَى ٱلْمَسْجِدِ ٱلْأَقْصَا ٱلَّذِى بَـٰرَكْنَا حَوْلَهُۥ لِنُرِيَهُۥ مِنْ ءَايَـٰتِنَآ ﴾

« Gloire et Pureté à Celui qui, de nuit, fit voyager Son serviteur, de la Mosquée sacrée, à la Mosquée Al-Aqsâ dont Nous avons béni l'alentour, afin de lui faire voir certaines de Nos merveilles ». *[Al-Isrâ ; 1]*

Ainsi, Allah fît voyager de nuit le Prophète ﷺ en personne ; Il lui fit atteindre Jérusalem où il pria avec les prophètes, et il fût leur *imâm*, puis il fût élevé au-dessus du septième ciel jusqu'à ce qu'il atteigne le lotus de la limite. Et c'est un privilège qui n'a été donné à aucun envoyé avant lui, et cela fait partie des choses qui le distinguent des autres prophètes.

Et malgré tout cela, malgré le fait que le voyage nocturne et l'ascension ont été confirmés par le Qur'ân et la Sunnah, et donc qu'il est obligatoire d'y croire, malgré le fait que les cinq prières quotidiennes obligatoires ont été imposées et ordonnées lors de cet événement grandiose, malgré tout cela, il n'existe pas de preuve catégorique et tranchante prouvant que cet événement s'est produit lors du mois de *Rajab,* et quand bien même il existerait une preuve formelle que cet événement grandiose s'est produit durant le mois de *Rajab*, nous est-il légiféré d'accomplir des adorations spécifiques en ce jour ? La réponse est non ! Car toute adoration est conditionnée par une preuve, il n'est pas permis d'accomplir, en Islâm, le moindre acte d'adoration s'il ne repose pas sur une preuve claire, issue du Qur'ân ou de la Sunnah !

Concernant *al isrâ wal mi'râj*, après cet événement, le Prophète ﷺ a vécu près de treize années, et il n'a jamais exécuté le moindre acte d'adoration ou le moindre rite en rapport avec cet événement ! Allons-nous dire que nous sommes plus attachés que lui à nous conformer à la vérité ? Allons-nous dire que nous sommes plus soucieux, plus attentifs que lui quant au fait de pratiquer la religion ? Bien sûr que non !

Ainsi, le fait de fêter ou de commémorer l'anniversaire du voyage nocturne et de l'ascension est une *bid'ah*, qui a vu le jour au quatrième siècle de l'hégire. Le fait de fêter ce jour la vingt-septième nuit du mois de *Rajab* est apparu dans l'Islâm au quatrième siècle ! Quand a commencé le suivi aveugle des juifs et des chrétiens dans le fait d'instaurer des fêtes et des commémorations, tel que le *mawlid an nabawî,* et toutes ces fêtes de *jâhiliyah* et toutes ces fêtes dignes de l'époque de l'ignorance au sujet desquelles Allah n'a jamais rien révélé !

Toutes ces fêtes ne sont que des innovations religieuses blâmables et rejetées, et l'Islâm ne reconnaît que trois fêtes, *l'aïd al fiṯr* (la fête de la rupture du jeûne à la fin du mois de *Ramadhân*) ; *l'aïd al adhâ* (la fête du sacrifice en souvenir du geste d'Ibrâhîm), et la fête hebdomadaire du vendredi (*yawmul jumu'ah),* et c'est le Prophète ﷺ qui a dit que ce jour était une fête. En dehors de ces trois fêtes (*a'yâd*), il n'existe aucune commémoration, ni fête en Islâm ! Ni fête d'anniversaire, ni fête nationale, ni du voyage nocturne et de l'ascension, ni fête des lentilles ni fête des oignons, ou quoi que ce soit d'autre !

Mais toutes les fêtes innovées n'ont vu le jour et ne sont apparues qu'après la mort du Prophète ﷺ, quatre-cents ans après sa mort.

Aussi, nous posons cette question : lesquels sont dans la vérité, les premiers musulmans et ceux qui vécurent lors des trois premiers siècles de l'Islâm (les trois meilleurs siècles de l'Islâm comme l'a dit le Prophète ﷺ) :

Les meilleurs parmi vous sont ceux de mon siècle, puis de celui qui lui succède ensuite ceux du siècle d'après.
[Rapporté par Al Bukhârî wa Muslim]

خَيْرُ النَّاسِ قَرْنِي ثُمَّ الَّذِينَ يَلُونَهُمْ ثُمَّ الَّذِينَ يَلُونَهُمْ

Lesquels sont dans la vérité ? Les premiers musulmans et ceux qui vécurent lors des trois premiers siècles, ou les Fatimides (*al fâtimiyyûn, 'ubaydiyyûn*) qui s'affilient de manière mensongère à Fâṯimah ﷺ qui vécurent au quatrième siècle, lesquels sont les meilleurs ?

Lesquels sont les meilleurs, lesquels sont les mieux guidés et sur la vérité, les Fatimides ou bien Abû Bakr, 'Omar, 'Uthmân et 'Alî ?

Eux qui aimaient le Prophète ﷺ bien plus que n'importe qui sur cette terre, eux qui auraient offert leurs vies, leurs personnes, pour le Prophète ﷺ, eux qui auraient préféré recevoir des flèches et des lances dans leurs poitrines pures plutôt qu'elles n'effleurent le Prophète ﷺ, et malgré tout cela, ils n'ont jamais fêté ces fêtes, ils n'ont jamais célébré l'anniversaire du Prophète ﷺ !

Allons-nous prétendre qu'ils n'aimaient pas le Prophète ﷺ ? *Hâshâ lillahi* ! Bien entendu que non ! Aucun musulman n'oserait dire une telle parole. Certes, ils étaient ceux qui aimaient le Prophète ﷺ plus que n'importe qui !

Et leur amour pour lui leur a même fait perdre la raison, leur grand amour pour lui leur a fait perdre la perception correcte des choses pendant quelques instants, quand ils ont appris sa mort ﷺ. Ainsi, 'Omar en a oublié des versets du Qur'ân tant son amour pour le Prophète était intense, à l'annonce de sa mort il en a oublié des versets coraniques, tant son amour pour lui était grand et tant l'épreuve fût dure le jour où la révélation cessa !

D'ailleurs, c'est pour cela que le Prophète ﷺ a dit :

Si l'un d'entre vous est touché par un malheur, qu'il se souvienne ou qu'il se console en songeant au malheur de ma perte

C'est-à-dire la perte du Messager d'Allah ﷺ qui fût le plus grand malheur qui frappa les musulmans, le jour où cessa la révélation venant du ciel.

Ainsi, quand on informa 'Omar de la mort du Prophète ﷺ, il en perdit la tête ; sa perception des choses disparut, son discernement fût altéré, il fût abasourdi, frappé de stupeur, consterné ! Il agrippa son épée et sorti de chez lui, menaçant de couper la tête à quiconque oserait prétendre que le Prophète ﷺ est mort : « *quiconque prétend que Mouhammed est mort, je frappe son cou* » ; c'est-à-dire je lui coupe la tête !

C'est ça l'amour authentique, l'amour véritable pour le Prophète ﷺ, et ça n'a rien à voir avec les prétentions de ceux qui disent aimer le Prophète ﷺ, ceux qui tapent sur des tambourins et qui jouent de la flûte chaque année lors de la commémoration de l'anniversaire de la naissance du Messager d'Allah ﷺ.

Ceux-là, leur amour est mensonger ! Car s'ils éprouvaient un véritable amour pour le Prophète, ils auraient délaissé ces innovations, car ce sont des innovations claires et nettes !

Si ton amour pour lui était véridique, tu lui obéirais, car on obéit toujours à celui qu'on aime !

Car le Prophète ﷺ a mis en garde contre les innovations, et il fait partie de l'obéissance au Messager d'Allah ﷺ qu'on abandonne et qu'on délaisse toute innovation ou toute invention religieuse que les gens ont pu introduire dans la religion d'Allah.

Ainsi, 'Omar s'est levé et il avait tout oublié, il avait oublié la parole d'Allah quand Il nous dit :

﴿ وَمَا مُحَمَّدٌ إِلَّا رَسُولٌ قَدْ خَلَتْ مِن قَبْلِهِ ٱلرُّسُلُ ۚ
أَفَإِيْن مَّاتَ أَوْ قُتِلَ ٱنقَلَبْتُمْ عَلَىٰٓ أَعْقَـٰبِكُمْ ﴾

« Muhammad n'est qu'un messager - des messagers avant lui sont passés - S'il mourait, donc, ou s'il était tué, retourneriez-vous sur vos talons ? »

Pourquoi a-t-il oublié alors qu'il n'était pas de son habitude d'oublier ? C'est le grand amour qu'il portait au Prophète ﷺ et son choc vis-à-vis de ce grand malheur qui venait de frapper son cœur et celui des musulmans qui lui avait tout fait oublier ! Et qui avait altéré son raisonnement, et c'est pour cela qu'il s'était mis à dire en brandissant son épée : *« quiconque prétend que Mouhammed est mort, je frappe son cou ».*

Puis, Abû Bakr est arrivé, lui qui avait accepté cette épreuve et qui était resté ferme face à ce malheur, l'acceptant avec patience et endurance, et ceci ne dévalorise aucunement 'Omar, car 'Omar lui, est excusé, car l'énormité de la chose lui avait fait perdre sa raison, il ne rejetait pas la vérité, il avait juste perdu la raison pendant quelques instants, c'est pour cela que quand il a entendu la parole de Abû Bakr, il a accepté le ? Et s'est soumis totalement au décret d'Allah.

Et quelle fut la parole d'Abû Bakr ? Abû Bakr s'est adressé aux gens en leur disant :

« Ô gens ! Quiconque d'entre vous qui adorait Mouhammed qu'il sache que Mouhammed est mort, et quiconque d'entre vous adore Allah, alors certes Allah est vivant et il ne meurt point »,

puis il a récité la parole d'Allah :

﴿ وَمَا مُحَمَّدٌ إِلَّا رَسُولٌ قَدْ خَلَتْ مِن قَبْلِهِ ٱلرُّسُلُ ۚ أَفَإِيْن مَّاتَ أَوْ قُتِلَ ٱنقَلَبْتُمْ عَلَىٰٓ
أَعْقَـٰبِكُمْ ۚ وَمَن يَنقَلِبْ عَلَىٰ عَقِبَيْهِ فَلَن يَضُرَّ ٱللَّهَ شَيْـًٔا ﴾

« Muhammad n'est qu'un messager - des messagers avant lui sont passés - S'il mourait, donc, ou s'il était tué, retourneriez-vous sur vos talons ? Quiconque retourne sur ses talons ne nuira en rien à Allah ». *[Âl 'Imrân ; 144]*

'Omar a dit alors c'est comme si je n'avais jamais entendu ce verset auparavant ! سبحان الله Comme s'il n'avait jamais entendu ce verset, et 'Omar continue en disant : *« et mes pieds défaillirent ».* C'est-à-dire qu'il accepta l'ordre et le décret d'Allah, et qu'il s'y soumit complètement, patientant et endurant en espérant la récompense d'Allah.

Puis, les *sahâbah* enveloppèrent le Messager d'Allah de son linceul, le portèrent et l'enterrèrent, et telle est la tradition d'Allah avec ses créatures, toute âme doit goûter à la mort.

Et ce qui nous a menés à aborder ce sujet, c'est-à-dire la réaction de 'Omar lors de l'annonce de la mort du Messager d'Allah ﷺ, ce qui nous a amenés à aborder ce point, c'est le sujet que nous traitions, à savoir le suivi de la Sunnah, et concernant ces fêtes et ces cérémonies, en plus d'être innovées et inventées de toutes pièces, elles sont remplies de désobéissance à Allah ; tu trouves des gens qui ne prient pas, mais qui participent vivement à ces fêtes, des gens qui se rasent la barbe et qui sont les premiers à participer à ces fêtes, d'autres qui boivent l'alcool, d'autres qui commettent la fornication, etc.

Et par Allah, ces festivités sont devenues dans certains pays musulmans des véritables foires à la perversité, on y trouve de tout : de l'alcool, la fornication, l'homosexualité, les rencontres galantes entre hommes et femmes.

Par Allah, ces fêtes sont devenues des véritables lieux et occasions de rencontres entre hommes et femmes, et j'ai interrogé certaines personnes qui y ont participé et j'ai même eu l'occasion d'être témoin de certaines de ces cérémonies dans certains pays musulmans : les gens sont collés les uns aux autres, il y a des bousculades, les hommes sont agglutinés aux femmes, plongés dans la mixité.

On y entend des cris stridents (youyou), de la musique, des gens qui jouent du tambourin, de la flûte et d'autres instruments, on y trouve de tout, c'est une prairie féconde aux agissements de *Shaytâne* et de son armée.

Ainsi, ce qui est demandé c'est le suivi et non les sentiments et l'affectivité. Il ne s'agit pas de suivre aveuglément la pratique, les traditions des pères et des grands-pères. Celui qu'on doit suivre c'est le Messager d'Allah ﷺ.

Et le témoignage, l'attestation que Mouhammed est le Messager d'Allah signifie et implique qu'on le suive dans toute chose, et qu'on imite son comportement dans toute affaire, grande ou petite, qu'on mette en application tous ses ordres et qu'on délaisse toute chose qu'il a interdite.

Ainsi, la foi dans le voyage nocturne et l'ascension *(al isrâ wal mi'râj)* est obligatoire, par contre, le fait de prétendre que cet événement s'est produit le vingt-sept du mois de *Rajab,* ceci est un mensonge, car il existe beaucoup de versions qui disent que cet événement s'est produit au mois de *Rajab*, d'autres au mois de *Sha'bân*, d'autres au mois de *Ramadhân*, d'autres au mois de *Shawâl,* d'autres au mois de *Dhul Hijjah*, *wallâhu a'lam.*

En réalité, la date précise ne nous intéresse pas et nous ne devons pas nous préoccuper de cela. Ce qui nous intéresse, c'est d'y croire, d'avoir réellement foi en cet évènement, tout comme par exemple la sourate *Al Fâtiha*, qui est la plus grandiose des sourates du Qur'ân, la plus grandiose des révélations qu'Allah ai faites à son Messager ﷺ. Lors de la révélation de cette sourate, une porte dédiée s'est ouverte dans le ciel et un ange est apparu, pour la révélation de cette sourate, ainsi que les deux derniers versets de la sourate *Al Baqarah*, comme cela a été rapporté dans un hadith authentique.

Ce qui nous intéresse, nous, c'est d'apprendre cette sourate, de la mettre en pratique, et d'avoir foi dans le fait qu'elle est la parole d'Allah. Il ne nous est pas demandé de connaître la date de sa révélation, de même pour la bataille de Badr, qu'on appelle le jour du discernement ou le jour de la piété : le jour où Allah a sauvé et a accordé la victoire aux croyants, qu'est-ce qui nous intéresse dans cette bataille ? C'est d'y avoir foi, et d'avoir foi dans ce qui nous a été rapporté au sujet de cette bataille, au sujet de cette grande victoire ; qu'Allah a envoyé une troupe d'anges pour soutenir les croyants, etc. Il ne nous est pas demandé de nous préoccuper de la date précise, si c'était un lundi ou un jeudi etc. La date historique ne nous est d'aucune utilité dans le cadre de l'adoration (en ce qui concerne les savants, les historiens musulmans, c'est autre chose), et il en va de même pour toutes les batailles.

Sachez mes frères, que le fait de commémorer des fêtes ou des évènements historiques s'apparente au suivi aveugle des juifs et des chrétiens, c'est du *taqlîd*, le fait de spécifier des jours précis pour des adorations précises, ou des rites, ou des fêtes, ne repose en rien sur notre législation, et tout acte d'adoration nécessite une preuve claire, issue du Qur'ân ou de la Sunnah.

Aussi, apportez-nous une preuve issue du Qur'ân et de la Sunnah quant au fait de commémorer le vingt-sept du mois de *Rajab*, et pareil pour la commémoration de l'anniversaire du Prophète ﷺ, de même, le fait de jeuner spécifiquement le mois de *Rajab* ne repose sur rien, et n'est pas correct. Bien sûr, celui qui veut jeuner pour se rapprocher d'Allah peut le faire n'importe quel mois, il peut jeuner chaque lundi ou chaque jeudi, ou trois jours par mois (les jours de pleine lune), et le prophète ﷺ n'a jamais jeuné un mois entier en dehors du mois de *Ramadhân*, sauf le mois de *Sha'bân*, et il ne l'a jamais jeuné entièrement.

Quant au mois de *Rajab*, il ne l'a jamais spécifié par un jeûne particulier, et ceux qui jeunent le mois de *Rajab* spécifiquement, ceux-là commettent une innovation sans l'ombre d'un doute ! Tout comme ceux qui spécifient ce mois pour faire tel ou tel acte d'adoration ou telle ou telle *salât* particulière. Le mois de *Rajab* est comme les autres mois, il fait partie des mois sacrés comme le mois de *Dhul Qa'dah*, ou *Dhul Hijjah* ou *Muharram*. Cependant, aucune preuve n'a été rapportée sur le fait de spécifier ces mois pour des adorations particulières, sauf *Dhul Hijjah*, durant lequel on effectue le pèlerinage, comme cela est connu.

Aussi, le fait de spécifier tel ou tel mois, ou telle ou telle date, s'oppose à la voie du prophète ﷺ, aussi, maintenons-nous dans la voie droite, dans l'obéissance à Allah, et si nous prétendons avoir foi que Muhammad est le Messager d'Allah ﷺ, si nous attestons qu'il est le Prophète d'Allah ﷺ, alors nous devons savoir que cette attestation implique de nous que nous le suivions dans toute chose, par nos paroles, nos actes, notre dogme (*al i'tiqâd*), et ça implique que nous nous éloignions de tout ce qu'Allah a interdit par son intermédiaire.

COMMENTAIRES

Concernant *« Lâ ilâha illâ Allah »*, cette parole est incomparable, cette attestation a une valeur inestimable, une importance considérable au point qu'Allah ﷻ Lui-même a attesté, alors qu'il n'avait nul besoin de le faire. Toutefois, pour amener les gens à reconnaître son unicité, pour mettre en évidence l'importance de ce témoignage, et également pour souligner le rang élevé des gens de science : Allah nous dit dans le ***Qur'ân*** :

﴿ شَهِدَ ٱللَّهُ أَنَّهُۥ لَآ إِلَٰهَ إِلَّا هُوَ وَٱلْمَلَٰٓئِكَةُ وَأُو۟لُوا۟ ٱلْعِلْمِ قَآئِمًۢا بِٱلْقِسْطِ ۚ
لَآ إِلَٰهَ إِلَّا هُوَ ٱلْعَزِيزُ ٱلْحَكِيمُ ﴾

« Allah atteste de même que les Anges et les gens de science, qu'il n'existe de divinité digne d'adoration en dehors de lui, le Mainteneur de la justice. Nulle divinité digne d'adoration sauf Lui, Le Puissant, le Sage ! » *[Âl 'Imrân ; 18]*

Cette attestation se compose de deux notions inséparables :

Une négation, et une affirmation :

La négation du droit à l'adoration de toute chose : que ce soit un ange, un prophète, un Djinn, un humain, un animal, une plante, une pierre, une statue, une tombe, etc.

Et l'affirmation de ce droit pour Allah Seul de manière exclusive ; Allah est le seul qui mérite l'adoration. Tout culte, tout rite religieux, se doit d'être exclusivement destiné à Allah seul.

Comme nous dit Allah dans le ***Qur'ân*** :

﴿ ذَٰلِكَ بِأَنَّ ٱللَّهَ هُوَ ٱلْحَقُّ وَأَنَّ مَا يَدْعُونَ مِن دُونِهِۦ هُوَ ٱلْبَٰطِلُ وَأَنَّ ٱللَّهَ هُوَ ٱلْعَلِىُّ ٱلْكَبِيرُ ﴾

« C'est ainsi qu'Allah est Lui le Vrai, alors que ce qu'ils invoquent en dehors de Lui est le faux ; c'est Allah qui est le Très Haut, le Très Grand. » *[Al Hajj ; 62]*

Par ailleurs, on retrouve l'explication claire de l'attestation dans la parole d'Allah :

﴿ وَإِذْ قَالَ إِبْرَٰهِيمُ لِأَبِيهِ وَقَوْمِهِۦٓ إِنَّنِى بَرَآءٌ مِّمَّا تَعْبُدُونَ ٢٦ إِلَّا ٱلَّذِى فَطَرَنِى فَإِنَّهُۥ سَيَهْدِينِ ٢٧ ﴾

« Et lorsqu'Abraham dit à son père et à son peuple : "Je désavoue totalement ce que vous adorez, à l'exception de Celui qui m'a créé, car c'est Lui en vérité qui me guidera". »
[Az-Zukhruf ; 26/27]

Concernant la parole *« **Mouhammed Rasûl Allah** »*, la croyance dans le fait que Mouhammed ﷺ soit le Messager d'Allah n'est pas une simple parole que l'on prononce avec la langue. Bien au contraire, cette attestation implique de notre part que nous l'imitions et suivions son exemple dans toute chose, petite ou grande.

Comme nous dit Allah dans le ***Qur'ân :***

﴿ لَقَدْ جَآءَكُمْ رَسُولٌ مِّنْ أَنفُسِكُمْ عَزِيزٌ عَلَيْهِ مَا عَنِتُّمْ حَرِيصٌ عَلَيْكُم
بِٱلْمُؤْمِنِينَ رَءُوفٌ رَّحِيمٌ ﴾

« Certes, un Messager issu de vous-même, est venu à vous, auquel pèsent lourd les difficultés que vous subissez, qui est plein de sollicitude pour vous, et qui est envers les croyants, compatissant et miséricordieux » *[At-Tawbah ; 128]*

Allah nous dit également :

﴿ لَّقَدْ كَانَ لَكُمْ فِى رَسُولِ ٱللَّهِ أُسْوَةٌ حَسَنَةٌ
لِّمَن كَانَ يَرْجُوا۟ ٱللَّهَ وَٱلْيَوْمَ ٱلْءَاخِرَ وَذَكَرَ ٱللَّهَ كَثِيرًا ﴾

« Vous avez dans le Messager d'Allah un excellent modèle à suivre, pour quiconque espère en Allah et au Jour dernier et invoque Allah fréquement » *[Al Ahzâb ; 21]*

Ainsi, attester qu'il est le Messager ﷺ d'Allah implique de notre part quatre choses :

1. Lui obéir dans les choses qu'il nous a ordonnées
2. Croire aux choses dont il nous a informés (c'est-à-dire attester de leur véracité)
3. S'écarter des choses qu'il a interdites et réprimées

4. Et n'adorer Allah qu'avec ce qu'il a légiféré.

Et nous avions vu, qu'étant donné que le prophète ﷺ nous a tout enseigné en détail sur tous les sujets, qu'ils soient grands ou petits, de manière minutieuse, il est donc impossible, inconcevable, inimaginable d'envisager qu'il ait pu oublier quoi que ce soit, ou qu'il ait eu un manquement dans la transmission du message qu'Allah lui a confié. De ce fait, il est obligatoire de lui obéir sans rien enlever ni rien rajouter à la religion, car toute innovation religieuse est rejetée, comme a dit le messager d'Allah ﷺ :

Man A<u>h</u>datha fî amrinâ hadhâ mâ layssa minhu fa huwa radd

« Quiconque introduira dans notre affaire (notre religion) ce qui n'en fait pas partie sera rejeté »

(Hadith authentique rapporté par Al Boukharî et Mouslim)

Puis le shaykh Muhammad Ibn 'Abd Al Wahhâb nous dit dans son ouvrage :

La preuve concernant ***la prière*** (*as-<u>s</u>alât*), ***l'aumône légale*** (*az-zakât*) et l'explication du ***tawhîd***, réside dans la parole d'Allah :

﴿ وَمَآ أُمِرُوٓاْ إِلَّا لِيَعۡبُدُواْ ٱللَّهَ مُخۡلِصِينَ لَهُ ٱلدِّينَ حُنَفَآءَ وَيُقِيمُواْ ٱلصَّلَوٰةَ وَيُؤۡتُواْ ٱلزَّكَوٰةَۚ وَذَٰلِكَ دِينُ ٱلۡقَيِّمَةِ ﴾

« Il ne leur a seulement été commandé d'adorer Allah, lui vouant un culte exclusif, d'accomplir la prière et d'acquitter la Zakât. Telle est la religion de droiture » *[Al Bayyinah ; 5]*

La preuve au sujet du ***jeûne*** réside dans la parole d'Allah :

﴿ يَـٰٓأَيُّهَا ٱلَّذِينَ ءَامَنُواْ كُتِبَ عَلَيۡكُمُ ٱلصِّيَامُ كَمَا كُتِبَ عَلَى ٱلَّذِينَ مِن قَبۡلِكُمۡ لَعَلَّكُمۡ تَتَّقُونَ ﴾

« Ô vous les croyants ! On vous a prescrit le jeûne comme on l'a prescrit à ceux qui vous ont précédés, ainsi atteindriez-vous la piété. » *[Al Baqarah ; 183]*

Et la preuve du ***pèlerinage*** réside dans la parole d'Allah :

﴿ وَلِلَّهِ عَلَى ٱلنَّاسِ حِجُّ ٱلْبَيْتِ مَنِ ٱسْتَطَاعَ إِلَيْهِ سَبِيلًا ۚ وَمَن كَفَرَ فَإِنَّ ٱللَّهَ غَنِىٌّ عَنِ ٱلْعَٰلَمِينَ ﴾

« Et c'est un devoir envers Allah pour les gens qui en ont les moyens, d'aller faire le pèlerinage à la Maison (Sacrée) (c'est-à-dire La Mecque). Et quiconque ne croit pas, Allah se passe largement des mondes » *[Âl 'Imrân ; 97]*

Voici donc les preuves des piliers de l'Islâm qu'il restait à aborder. L'auteur, le shaykh Muhammad Ibn 'Abd Al Wahhâb a cité les preuves de manière claire, et il n'est pas nécessaire de s'étendre longuement sur le sujet.

Concernant la prière et l'aumône légale (*as-salât wa az-zakât*), ce sont deux piliers d'une importance énorme ; ce sont deux formes d'adoration illustres, et leur importance est si grande, qu'elles bénéficient d'un statut particulier, qui diffère de tous les autres ordres et interdictions. C'est pour cela qu'Allah ﷻ a lié la foi au fait de mettre en pratique ces deux piliers, et ce, dans de nombreux versets.

Dans de nombreux versets, Allah a lié la foi au fait d'accomplir la *salât* et de verser la *zakât*, comme quand Il nous dit dans le ***Qur'ân*** :

﴿ فَإِن تَابُوا۟ وَأَقَامُوا۟ ٱلصَّلَوٰةَ وَءَاتَوُا۟ ٱلزَّكَوٰةَ فَخَلُّوا۟ سَبِيلَهُمْ ۚ إِنَّ ٱللَّهَ غَفُورٌ رَّحِيمٌ ﴾

« Si ensuite ils se repentent, accomplissent la Salât et acquittent la Zakât, alors laissez-leur la voie libre ».
[At-Tawbah ; 5]

. Et également :

﴿ فَإِن تَابُوا۟ وَأَقَامُوا۟ ٱلصَّلَوٰةَ وَءَاتَوُا۟ ٱلزَّكَوٰةَ فَإِخْوَٰنُكُمْ فِى ٱلدِّينِ ﴾

« Mais s'ils se repentent, accomplissent la Salât et acquittent la Zakât, ils deviendront vos frères en religion. »
[At-Tawbah ; 11]

Quant à l'auteur, Muhammad Ibn 'Abd Al Wahhâb, lui, a cité un verset issu de la Sourate *« Al Bayyinah »,* quand Allah dit :

﴿ وَمَآ أُمِرُوٓا۟ إِلَّا لِيَعْبُدُوا۟ ٱللَّهَ مُخْلِصِينَ لَهُ ٱلدِّينَ حُنَفَآءَ وَيُقِيمُوا۟ ٱلصَّلَوٰةَ وَيُؤْتُوا۟ ٱلزَّكَوٰةَ ۚ وَذَٰلِكَ دِينُ ٱلْقَيِّمَةِ ﴾

« Il ne leur a seulement été commandé d'adorer Allah, Lui vouant un culte exclusif, d'accomplir la prière (Salât) et d'acquitter la Zakât. Telle est la religion de droiture »
[Al Bayyinah ; 5]

Concernant le terme « *hunafâ'* », que l'on trouve dans le verset, nous avions vu que ce terme était le pluriel du mot *« hanîf »*, qui signifie : celui qui se détourne de la voie qui mène à la perdition par son cœur, son corps, son âme et tout ce qui le concerne, pour cheminer sur la voie droite, le chemin de la rectitude. *« Al hanîf »*, c'est le monothéiste par excellence.

Donc, concernant le verset :

﴿ وَمَآ أُمِرُوٓا۟ إِلَّا لِيَعْبُدُوا۟ ٱللَّهَ مُخْلِصِينَ لَهُ ٱلدِّينَ حُنَفَآءَ وَيُقِيمُوا۟ ٱلصَّلَوٰةَ وَيُؤْتُوا۟ ٱلزَّكَوٰةَ ۚ وَذَٰلِكَ دِينُ ٱلْقَيِّمَةِ ﴾

« Il ne leur a seulement été commandé d'adorer Allah, lui vouant un culte exclusif, d'accomplir la prière (Salât) et d'acquitter la Zakât. Telle est la religion de droiture »

Concernant ce verset, Shaykh Souhaymi nous dit : « ce verset est une preuve explicite et manifeste de l'importance de ces deux formes d'adoration : *la salât et la zakât* ».

Les savants, les gens de science, ont divergé sur le statut de celui qui abandonne la *salât* ; est-il mécréant ou musulman ?

Il y a unanimité sur le fait que celui qui délaisse la *salât* en reniant son caractère obligatoire, devient mécréant ; il y a un consensus sur ce point !

Cependant, les savants ont divergé sur le statut de celui qui délaisse la prière par négligence, par paresse : pour certains savants, il est toujours musulman, mais grand pécheur, auteur d'un grand péché, il encoure un dur châtiment divin ! D'autres savants voient qu'il est mécréant, même s'il délaisse la prière par négligence (tout en reconnaissant son caractère obligatoire), et shaykh Souhaymi est de cet avis, et il dit : « et l'avis le plus fort est certainement celui-là, de par les preuves issues du *Qur'ân*, que nous venons de citer, et également la parole du prophète ﷺ :

Al 'ahd al-ladhî baynanâ wa baynahum as-salât ; fa-man tarakahâ faqad kafara

« L'accord entre nous et eux (les mécréants), c'est la Salât ; quiconque l'abandonne a certes mécru. »

Aussi, nous devons accorder à ce point toute l'importance qu'il mérite. D'ailleurs, Shaykh Ibn 'Uthaymin nous cite, quant à lui, que l'Imâm At-Tirmidhî a rapporté une parole de 'Abdullah Ibn Shafîq, qui dit qu'il y avait unanimité chez les *Sahâbah* quant au fait que le délaissement d'aucun acte pour eux n'étaient de la mécréance, sauf le délaissement de la prière. (*Kitâb Al Îman*, 'Abdullah Ibn Shafîq, un *tâbi'î*).

Concernant le **jeûne du mois de Ramadhân**, Allah nous dit dans le ***Qur'ân*** :

﴿ يَٰٓأَيُّهَا ٱلَّذِينَ ءَامَنُواْ كُتِبَ عَلَيۡكُمُ ٱلصِّيَامُ كَمَا كُتِبَ عَلَى ٱلَّذِينَ مِن قَبۡلِكُمۡ لَعَلَّكُمۡ تَتَّقُونَ ﴾

« Ô vous les croyants ! On vous a prescrit le jeûne comme on l'a prescrit à ceux qui vous ont précédés, ainsi atteindriez-vous la piété. » *[Al Baqarah ; 183]*

Le jeûne a été allégé pour nous, Allah nous l'a facilité, car chez les communautés précédentes, le jeûne était plus dur : ils jeûnaient de façon continue, jour et nuit. Allah n'a pas imposé cette chose à cette communauté. Allah, par douceur et miséricorde, nous a facilité notre jeûne, et ne nous a pas imposé ce qu'Il avait imposé aux autres communautés.

Concernant le ***hajj*** (pèlerinage), il est obligatoire pour chaque musulman et chaque musulmane, une fois dans la vie, pour quiconque a les moyens de l'accomplir.

Et c'est pour cela qu'Allah dit dans le ***Qur'ân*** :

﴿ وَلِلَّهِ عَلَى ٱلنَّاسِ حِجُّ ٱلۡبَيۡتِ مَنِ ٱسۡتَطَاعَ إِلَيۡهِ سَبِيلٗاۚ وَمَن كَفَرَ فَإِنَّ ٱللَّهَ غَنِيٌّ عَنِ ٱلۡعَٰلَمِينَ ﴾

« Et c'est un devoir envers Allah pour les gens qui en ont les moyens, d'aller faire le pèlerinage à la Maison (Sacrée) (c'est-à-dire La Mecque). Et quiconque ne croit pas, Allah se passe largement des mondes » *[Âl 'Imrân ; 97]*

Voilà concernant les piliers de l'Islâm.

بِسْمِ اللَّهِ الرَّحْمَٰنِ الرَّحِيمِ

Bismillâhi r-rahmâni r-rahîm

Le second degré est la foi (*Al-Îmân*) qui se compose d'un peu plus de soixante-dix branches, la plus élevée de ces branches étant le fait de témoigner qu'il n'existe de divinité en droit d'être adorée si ce n'est Allah, et la plus basse de ces branches c'est le fait d'ôter de la route tout objet gênant, et la pudeur est une des branches de la foi.

Les piliers de la foi sont au nombre de six : croire en Allah, en Ses anges, en Ses livres, en Ses messagers, au Jour dernier, et de croire au Destin, qu'il soit bon ou mauvais.

La preuve concernant ces six piliers réside dans la parole d'Allah سبحانه وتعالى :

﴿ لَّيْسَ ٱلْبِرَّ أَن تُوَلُّوا۟ وُجُوهَكُمْ قِبَلَ ٱلْمَشْرِقِ وَٱلْمَغْرِبِ وَلَٰكِنَّ ٱلْبِرَّ مَنْ ءَامَنَ بِٱللَّهِ
وَٱلْيَوْمِ ٱلْءَاخِرِ وَٱلْمَلَٰٓئِكَةِ وَٱلْكِتَٰبِ وَٱلنَّبِيِّـۧنَ ﴾

« La bonté pieuse ne consiste pas à tourner vos visages vers le levant ou le couchant. Mais la bonté pieuse est de croire en Allah, au jour dernier, aux anges, au Livre et aux prophètes ».

[Al Baqarah ; 177]

La preuve concernant le destin réside dans la parole d'Allah سبحانه وتعالى :

﴿ إِنَّا كُلَّ شَيْءٍ خَلَقْنَٰهُ بِقَدَرٍ ﴾

« Nous avons créé toute chose avec mesure ». *[Al Qamar ; 49]*

COMMENTAIRES

Al îmân, (le second degré), correspond aux actes cachés, les actes non apparents, et il y a, concernant la définition de l'Islâm et de la foi (*al islâm wal îmân*), des significations générales dans lesquelles ils se rejoignent. Ils possèdent cependant chacun un sens particulier qui lui est propre, et tout cela va dépendre du contexte. Ainsi, si les deux termes sont regroupés dans une même phrase, chacun va recouvrir un sens particulier qui lui est propre, tandis que si l'un ou l'autre des deux termes est cité indépendamment de l'autre, il englobera alors le sens de l'autre, et c'est une règle qu'il est nous obligatoire de comprendre ; le terme *islâm* concerne dans la plupart des cas les actes apparents : quand on emploie le terme *islâm*, il qualifie les actes apparents (tel que faire la *salât*, faire le *hajj,* donner l'aumône, etc.), tandis que le terme *îmân* concerne, dans la plupart des cas, les actes cachés : le terme *îmân* désigne les actes non apparents (tel que la foi en les anges par exemple, ou la foi au jour du jugement dernier, etc.).

Cependant, le terme *islâm* peut être employé pour désigner à la fois les actes apparents et les actes cachés, de même que le terme *îmân*.

Ces deux termes, quand ils sont cités seuls, englobent les deux notions ; quand le terme *islâm* est cité seul, il englobe à la fois les actes apparents et les actes cachés, ainsi que le terme *îmân.*

Quand Wafd 'Abd Al-Qayss interrogea le prophète ﷺ au sujet de la foi, au sujet *d'al îmân*, il a répondu : « ***que tu témoignes qu'il n'existe de divinité digne d'adoration sauf Allah, que tu***

accomplisses la prière, que tu verses la zakât... » Puis il lui a répondu en lui citant des actes apparents.

Ainsi, il y a, concernant la définition de l'Islâm et de la foi (*al islâm wal îmân*), des significations générales dans lesquelles ils se rejoignent. Ils possèdent également chacun un sens particulier qui lui est propre, c'est-à-dire que lorsque le terme *islâm* est cité seul, il va englober *al îmân* : il va englober à la fois *al islâm* et *al îmân*, il va donc concerner et les actes apparents et les actes cachés.

Tout comme le terme *Îmân* s'il est cité seul, il va englober *al islâm* : il va englober à la fois *al îmân* et *al islâm*, il va aussi concerner à la fois les actes cachés et les actes apparents.

Voilà ce que cela signifie quand on dit qu'il y a, concernant la définition de l'*islâm* et *d'al îmân*, des significations générales dans lesquelles ils se rejoignent, et des sens particuliers propres à chacun, et tout cela va dépendre du contexte dans lequel ils sont employés.

S'ils sont regroupés dans une même phrase, chacun des termes aura son sens propre et sa signification particulière. Si le terme *islâm* et le terme *îmân* sont cités ensemble, le terme *islâm* va concerner les actes apparents, et le teme *îmân*, lui, va concerner les actes cachés. Et si ces termes sont cités seuls, chacun englobera les deux significations ; si le terme *islâm* est cité seul, il englobera à la fois les actes apparents et cachés, et si le terme *îmân* est cité seul, il englobera à la fois les actes cachés et les actes apparents.

Et ce que nous traitons ici c'est de la foi en ce qui concerne les actes cachés, les choses relevant du monde de l'invisible. La foi se compose d'un peu plus de soixante-dix branches, comme cela a été rapporté dans le hadith, quand le prophète ﷺ nous dit :

Al îmân biD'un wa sab'ûna shu'bah a'lâhaa kalimat lâ ilâha illâ Allah

« La foi est composée d'un peu plus de soixante-dix branches dont la plus haute est le fait de témoigner qu'il n'existe de divinité digne d'adoration si ce n'est Allah ».

Ainsi, la parole du tawhîd (*kalimatu at-tawhîd*) correspond au plus haut degré de la foi ;

Wa adnâhâ imâTatu al-adhâ 'an at-Tarîq

« Et le degré le plus bas réside dans le fait d'ôter de la route tout objet gênant »

C'est-à-dire : ôter du chemin toute chose nuisible, tel qu'un clou, un bout de verre, une impureté, une saleté à l'odeur nauséabonde, des immondices, un amas de terre, une pierre, etc. Toute chose gênante pour ton frère ou ta soeur sur son chemin que tu vois, tu l'enlèves, comme a dit le prophète ﷺ : « ***ne sous-estimez aucun acte de bien, ne serait-ce que de rencontrer ton frère avec un visage souriant*** », et il a dit également : « ***préservez-vous du feu de l'Enfer, ne serait-ce qu'avec un morceau de datte*** ».

Aussi, Serviteur d'Allah, et toi également, servante d'Allah, ne méprise aucun acte de bien, qu'il soit grand ou petit !

Donc, la foi se compose d'un peu plus que soixante-dix branches, la plus haute de ces branches c'est de témoigner qu'il n'existe de divinité digne d'adoration si ce n'est Allah, et la plus basse est d'ôter du chemin toute chose gênante.

Wal Hayâ shu'bat min al îmân

« Et la pudeur fait partie de la foi ! »

Car la foi est une qualité immense, une qualité illustre, et peu s'en ait fallu que la foi tout entière ait pour origine la pudeur ; la foi tout entière a failli avoir pour origine la pudeur, et c'est pour cela que le prophète ﷺ a spécifié la pudeur dans ce hadith quand il dit : « **Wal Hayâ shu'bat min al îmân** » : ***« Et la pudeur fait partie de la foi ! »***

Concernant les branches de la foi, Al-Bayhâqî, qui est un savant mort en 994, a écrit un livre qui traite des branches de la foi (*shu'abul îmân*) que je vous recommande de lire. Par ailleurs, beaucoup de ces branches ont été authentifiées et répertoriées par les *shuyukh* de l'université islamique de Médine (c'est-à-dire dans leurs thèses, leurs recherches, etc.).

Donc, la foi, comme l'a dit le prophète ﷺ, repose sur six piliers : la foi en Allah qui implique de croire en Sa Seigneurie, Sa divinité, et Ses noms et Attributs ; croire en Ses anges ; en Ses prophètes ; en Ses livres révélés ; au Jour Dernier (c'est-à-dire le jour de la résurrection), et au Destin, qu'il soit bon ou mauvais. Et ces six piliers sont clairs et connus.

La croyance au Destin implique d'être convaincu que tout ce qui t'a atteint n'aurait jamais pu te manquer et que tout ce qui t'a échappé n'aurait jamais pu t'atteindre. Et la croyance au destin nécessite une foi forte, car il se peut que *Shayṯân* vienne te suggérer de mauvaises pensées, des insufflations sataniques (*wasâwis*), au sujet du destin. Ainsi, il ne faut pas chercher à plonger dans ses insufflations, ou réfléchir sur ces mauvaises pensées, à se demander le pourquoi du comment.

C'est pour cela qu'un *salaf* (prédécesseur) a dit : *« j'ai fait une recherche au sujet du destin et j'ai remarqué que ceux qui avaient la foi la plus grande au sujet du destin étaient ceux qui ne cherchaient pas à rentrer dans les détails de ce domaine, et ceux qui avaient la foi la plus faible au sujet du destin étaient ceux qui, justement, cherchaient à entrer dans les détails de ce sujet »*.

C'est-à-dire ceux qui sont toujours là à se demander pourquoi telle et telle chose s'est produite, comment telle et elle chose a pu se produire, quand et comment, etc.

En vérité, par ces questions, ils se moquent de la foi dans le destin, et c'est cette maladie qui a touché les *Mu'tazilah*, cette secte qui reniait le destin, et ils disaient même qu'Allah n'avait pas la connaissance du futur, qu'Allah ﷻ ne savait pas que tel ou tel événement allait se produire tant qu'il ne s'était pas produit ! *A 'udzou billah* ! Qu'Allah nous préserve de telle parole ! Et Allah ﷻ est grandement Élevé, bien au-dessus de leurs présomptions, purifié de tout ce qui ne convient pas à Sa perfection.

La foi dans le destin est une épreuve pour le musulman à qui Allah accorde la réussite, c'est un test, et le musulman se doit de dire : « nous croyons en Allah, en ses décrets et au destin », tandis que le mécréant, le non-musulman, lui, va se demander : « Pourquoi Allah a t'il agit ainsi, pourquoi telles et telles choses se sont produites, Il aurait dû plutôt agir de telle et telle manière », ou alors il va dire : « Allah, il lui est obligatoire d'agir comme ceci ou comme cela, ou ça serait mieux comme ceci ou comme cela, ou alors il lui est interdit de faire telle ou telle chose, de permettre que telle ou telle chose se produise », etc. Comme le disaient les *Mu'tazilah*, les *Jahmiyah*, et ceux qui leur ressemblent.

Concernant la définition de la foi (*ta'rîful îmân*) comme l'on définit les *salafs* ; les pieux prédécesseurs ont défini la foi comme étant la croyance du cœur, une prononciation de la langue, et une mise en pratique par les membres. La foi augmente, quand on accomplit un acte d'obéissance, et elle diminue, quand on commet un péché. Les preuves sur le fait que la foi augmente et diminue sont très nombreuses :

Comme quand Allah nous dit dans le ***Qur'ân :***

﴿ هُوَ ٱلَّذِىٓ أَنزَلَ ٱلسَّكِينَةَ فِى قُلُوبِ ٱلْمُؤْمِنِينَ لِيَزْدَادُوٓا۟ إِيمَـٰنًا مَّعَ إِيمَـٰنِهِمْ ﴾

« C'est lui qui fit descendre la quiétude dans le cœur des croyants afin qu'ils ajoutent une foi à leur foi ». *[Al Fath ; 4]*

﴿ وَٱلَّذِينَ ٱهْتَدَوْا۟ زَادَهُمْ هُدًى وَءَاتَىٰهُمْ تَقْوَىٰهُمْ ﴾

« Quant à ceux qui se mirent sur la bonne voie, Il les guida encore plus et leur inspira leur piété ». *[Muhammad ; 17]*

Et également :

﴿ وَزِدْنَٰهُمْ هُدًى ﴾

« Et Nous leur avons accordé les plus grands moyens de se diriger [dans la bonne voie]. » *[Al Kahf ; 13]*

De même, concernant les preuves que la foi peut diminuer, on peut citer la parole du prophète ﷺ, quand il nous a informés que sortira du feu de l'Enfer un homme ayant l'équivalent d'un atome de foi dans son cœur (c'est-à-dire une personne qui aura été jetée en Enfer à cause de ses péchés, mais qui finira par en sortir).

Donc, sortira du feu de l'Enfer un homme ayant dans le cœur l'équivalent d'un atome de foi ! Ceci nous prouve que la foi peut diminuer au point de devenir plus petite encore qu'un atome, qu'Allah nous en préserve !

Quant à la prétention de certains, comme quoi la foi ni n'augmente ni ne diminue, ceci est un mensonge, et ces gens s'appuient sur des hadiths inventés, comme le soi-disant hadith dans lequel le prophète ﷺ aurait été interrogé au sujet de la foi et qu'il aurait dit :

« La foi a été parachevée dans le cœur, ni elle n'augmente ni elle ne diminue, toute diminution est de l'hypocrisie et toute augmentation est du shirk ! »

Ce hadith est une pure invention, il n'a aucune source ; il fût rapporté par une personne qui s'appelle Abu l-Muhazzim dont il fût dit à son sujet : « Abu l-Muhazzim tu lui donnes deux sous et il t'invente soixante-dix hadiths ! »

Ainsi, ce hadith est faible, malgré le fait que certains ont tenté de l'authentifier.

L'auteur nous dit : la preuve concernant ces six piliers réside dans la parole d'Allah ﷻ :

﴿ لَّيْسَ ٱلْبِرَّ أَن تُوَلُّوا۟ وُجُوهَكُمْ قِبَلَ ٱلْمَشْرِقِ وَٱلْمَغْرِبِ وَلَـٰكِنَّ ٱلْبِرَّ مَنْ ءَامَنَ بِٱللَّهِ
وَٱلْيَوْمِ ٱلْـَٔاخِرِ وَٱلْمَلَـٰٓئِكَةِ وَٱلْكِتَـٰبِ وَٱلنَّبِيِّـۧنَ ﴾

« La bonté pieuse ne consiste pas à tourner vos visages vers le levant ou le couchant. Mais la bonté pieuse est de croire en Allah, au Jour Dernier, aux Anges, au Livre et aux Prophètes ». *[Al Baqarah ; 177]*

La preuve concernant le Destin réside dans la parole d'Allah ﷻ :

﴿ إِنَّا كُلَّ شَىْءٍ خَلَقْنَـٰهُ بِقَدَرٍ ﴾

« Nous avons créé toute chose avec mesure ». *[Al Qamar ; 49]*

Ces deux versets sont donc la preuve des piliers de la foi, et ils correspondent également à ce qui a été rapporté dans le hadith de Jibrîl, le hadith de l'archange Gabriel (Jibril).On peut citer également la parole d'Allah :

﴿ ءَامَنَ ٱلرَّسُولُ بِمَآ أُنزِلَ إِلَيْهِ مِن رَّبِّهِۦ وَٱلْمُؤْمِنُونَ ۚ
كُلٌّ ءَامَنَ بِٱللَّهِ وَمَلَـٰٓئِكَتِهِۦ وَكُتُبِهِۦ وَرُسُلِهِۦ ﴾

« Le Messager a cru en ce qu'on a fait descendre vers lui venant de son Seigneur, et aussi les croyants : tous ont cru en Allah, en Ses anges, en Ses livres et en Ses messagers ». *[Al Baqrah ; 285]*

De même que le verset que nous avons déjà cité :

﴿ لَّيْسَ ٱلْبِرَّ أَن تُوَلُّوا۟ وُجُوهَكُمْ قِبَلَ ٱلْمَشْرِقِ وَٱلْمَغْرِبِ وَلَـٰكِنَّ ٱلْبِرَّ مَنْ ءَامَنَ بِٱللَّهِ
وَٱلْيَوْمِ ٱلْـَٔاخِرِ وَٱلْمَلَـٰٓئِكَةِ وَٱلْكِتَـٰبِ وَٱلنَّبِيِّـۧنَ ﴾

« La bonté pieuse ne consiste pas à tourner vos visages vers le levant ou le couchant. Mais la bonté pieuse est de croire en Allah, au Jour dernier, aux Anges, au Livre et aux Prophètes ».

Ces versets sont similaires à ce qui a été rapporté dans le hadith de Jibrîl. Aussi, il est nécessaire que le musulman garde à l'esprit ces preuves, et qu'il y porte toute son attention, car ce sont les textes sur lesquels il doit s'appuyer lorsqu'il argumente en cas de débat ou de conflit au sujet de l'Islâm et du dogme authentique.

بِسْمِ ٱللَّهِ ٱلرَّحْمَٰنِ ٱلرَّحِيمِ

Bismillâhi r-rahmâni r-rahîm

Le troisième degré de la religion est l'excellence dans l'adoration (*al-ihsân*), qui n'est composée que d'un seul pilier, qui est : *« d'adorer Allah comme si tu le voyais, car si tu ne le vois pas, certes Lui te voit. »*

La preuve à ce sujet réside dans la parole d'Allah.

﴿ إِنَّ ٱللَّهَ مَعَ ٱلَّذِينَ ٱتَّقَوا۟ وَّٱلَّذِينَ هُم مُّحْسِنُونَ ﴾

« Certes, Allah est avec ceux qui l'ont craint et ceux qui sont bienfaisants (ceux qui excellent dans leurs adorations) ». *[An-Nahl ; 128]*

Ainsi que Sa parole :

﴿ وَتَوَكَّلْ عَلَى ٱلْعَزِيزِ ٱلرَّحِيمِ ﴿٢١٧﴾ ٱلَّذِى يَرَىٰكَ حِينَ تَقُومُ ﴿٢١٨﴾ وَتَقَلُّبَكَ فِى ٱلسَّٰجِدِينَ ﴿٢١٩﴾ إِنَّهُۥ هُوَ ٱلسَّمِيعُ ٱلْعَلِيمُ ﴿٢٢٠﴾ ﴾

« Et place ta confiance dans le Tout Puissant, le très Miséricordieux, qui te voit quand tu te lèves, et voit tes gestes parmi ceux qui se prosternent. C'est lui vraiment, Celui qui entend tout, Celui qui sait tout ». *[Ash-Shu'arâ ; 217-220]*

Et Sa parole :

﴿ وَمَا تَكُونُ فِي شَأْنٍ وَمَا تَتْلُواْ مِنْهُ مِن قُرْءَانٍ وَلَا تَعْمَلُونَ مِنْ عَمَلٍ إِلَّا كُنَّا
عَلَيْكُمْ شُهُودًا إِذْ تُفِيضُونَ فِيهِ ﴾

« Tu ne te trouveras dans aucune situation, tu ne réciteras aucun passage du Qur'ân, vous n'accomplirez aucun acte sans que Nous soyons témoins au moment où vous l'entreprendrez ». *[Yûnus ; 61]*

COMMENTAIRES

Nous avons vu que la religion islamique était composée de trois degrés : *al-islâm* (la soumission), *al-îmân* (la foi), et enfin, *al-ihsân* (l'excellence dans l'adoration) ; la bienfaisance.

Al ihsân, l'excellence dans l'adoration : **« huwa an ta'buda Allah ka annaka tarâhu, fa in lam takun tarâhu fa innahu yarâka » ;** *al ihsân*, ***« c'est le fait que tu adores Allah comme si tu le voyais, car si tu ne Le vois pas, certes, Lui te voit »***.

Ceci signifie que tes adorations cachées et secrètes **doivent être** à pied d'égalité avec tes adorations effectuées en public, que tu adores Allah intérieurement de la même façon que tu l'adores en public, ou même que ton adoration effectuée secrètement soit meilleure que celle réalisée à l'extérieur.

Par exemple, que tes prières accomplies chez toi en pleine nuit, quand tout le monde dort, soient pratiquées avec le même sérieux, la même concentration, la même intensité dans l'orientation vers Allah que tes prières effectuées à la mosquée avec tes frères, ou alors que ce soit ta prière nocturne qui l'emporte.

Tu dois garder à l'esprit la crainte d'Allah, tu dois être animé par la crainte d'Allah ﷻ. Tu espères la récompense d'Allah, et tu crains Son châtiment. Si Shayṯân vient t'insuffler des pensées sataniques (*waswas*), et t'inciter à commettre une désobéissance à Allah... Souviens-toi qu'il existe un **être** dont les yeux ne dorment pas, un **être** que ni le sommeil ni l'assoupissement ne peuvent saisir, un **être** qui connait les secrets les plus cachés, un **être** à qui rien n'échappe, que ce soit sur terre ou dans les cieux.

Si tu te souviens réellement de cela, alors tu reviendras de ton égarement, tu retourneras vers Allah, tu reviendras vers Lui, rempli de crainte à son égard, la poitrine tremblante, le cœur empli de peur. Si tu te souviens d'Allah et si tu retournes vers Lui quand ton âme t'incite à commettre un péché, alors il te sera compté une bonne action. Et ceci est une faveur, un bienfait d'Allah, à l'égard de Ses serviteurs.

Comme il a été rapporté du prophète ﷺ qui a dit : ***« Quand le serviteur songe à accomplir une bonne œuvre et qu'il l'accomplit, Allah la lui inscrit de dix à sept-cents fois sa valeur et même plus encore, et s'il songe à accomplir une bonne œuvre, mais ne l'accomplit pas, Allah lui inscrit tout de même une bonne action (c'est-à-dire qu'il souhaitait faire une bonne œuvre, mais un élément extérieur à sa volonté l'en a empêché), et si le serviteur songe à accomplir un péché et qu'il l'accomplit, il lui sera inscrit une mauvaise œuvre, et s'il songe à accomplir un péché, mais qu'il ne le fait pas par crainte d'Allah Le Tout Puissant, alors il lui sera inscrit une bonne action ! ».***

Gloire à Allah ! Le serviteur qui s'apprête à accomplir un péché, mais le délaisse, alors il lui est compté une bonne action. Cependant, la condition est qu'il est délaissé ce péché par crainte d'Allah, et par dévotion envers Lui.

Par crainte d'Allah ! Comme quand Allah nous dit au sujet du prophète Yûsuf عليه السلام :

﴿ وَلَقَدْ هَمَّتْ بِهِۦ ۖ وَهَمَّ بِهَا لَوْلَآ أَن رَّءَا بُرْهَـٰنَ رَبِّهِۦ ﴾

« Et, elle le désira. Et il l'aurait désirée n'eût été ce qu'il vit comme preuve évidente de son Seigneur ». *[Yûsuf ; 24]*

Et vous connaissez tous cette histoire, le prophète Yûsuf عليه السلام était très beau. Il était domestique chez un homme de pouvoir dont la jeune épouse avait été troublée par la grande beauté de Yûsuf عليه السلام, aussi, elle ne cessait de le solliciter afin qu'ils commettent le péché. Cependant, Yûsuf s'est rappelé de Son seigneur, et c'est ainsi que sont les croyants véritables.

Comme nous le dit Allah dans le ***Qur'ân*** :

﴿ إِنَّ ٱلَّذِينَ ٱتَّقَوْاْ إِذَا مَسَّهُمْ طَٰٓئِفٌ مِّنَ ٱلشَّيْطَٰنِ
تَذَكَّرُواْ فَإِذَا هُم مُّبْصِرُونَ ﴾

« Ceux qui mettent en pratique la crainte pieuse, lorsqu'une suggestion du Diable les touche, se rappellent [du châtiment d'Allah] : et les voilà devenus clairvoyants ». *[Al A'râf ; 201]*

Ainsi, tu adores Allah comme si tu le voyais, et le meilleur exemple que l'on peut citer pour inciter le *mouslim* à adorer Allah comme s'il Le voyait, c'est le fait que le musulman ou la musulmane garde à l'esprit l'immense faveur qu'Allah lui accorde au dernier tiers de la nuit, quand les paupières de ceux qui ont passé leur soirée dans la désobéissance d'Allah sont fermées, ou quand les paupières de ceux qui ont occupé leur temps avec des choses inutiles sont closes.

Le serviteur pieux, lui, se lève, la servante pieuse se lève, au dernier tiers de la nuit, se souvenant d'Allah, de Sa miséricorde, de Ses immenses bienfaits, se souvenant qu'Allah interpelle ses serviteurs en leur disant :

« Y a-t-il un repentant afin que J'accepte son repentir ? Y a-t-il quelqu'un qui demande pardon afin que Je lui pardonne ? Y a-t-il un demandeur afin que Je lui accorde ce qu'il souhaite ? »

Allah nous dit dans le ***Qur'ân***, au sujet de Ses serviteurs pieux :

﴿ كَانُوا۟ قَلِيلًا مِّنَ ٱلَّيْلِ مَا يَهْجَعُونَ ﴿١٧﴾ وَبِٱلْأَسْحَارِ هُمْ يَسْتَغْفِرُونَ ﴿١٨﴾ ﴾

« Ils dormaient peu, la nuit, et aux dernières heures de la nuit, ils imploraient le pardon [d'Allah] ». *[Adh-Dhâriyât ; 17-18]*

Voilà l'adoration, c'est cela, et vous connaissez le récit des trois hommes qui se retrouvèrent bloqués dans une grotte. Ils étaient parmi ceux qui adorent Allah comme s'ils Le voyaient, comme cela a été rapporté par le prophète ﷺ dans un hadith authentique, d'après 'Abdallah Ibn 'Omar :

Trois hommes, qui étaient en train de marcher, furent surpris par la pluie. Aussitôt, ils cherchèrent refuge dans une grotte qui se trouvait dans une montagne. Mais tout d'un coup, un rocher tomba du haut de cette montagne et boucha la sortie de la grotte. Que firent-ils alors ? Ils se tournèrent les uns vers les autres alors qu'ils étaient dans la pénombre de cette grotte, bouchée par un gros rocher, en pleine nuit. Nul n'était au courant de leur sort si ce n'est Allah, et ces hommes ne se sont pas mis à invoquer le chef d'une quelconque confrérie soufie, ni un pieux mort et enterré.

Ils ne se sont pas mis à invoquer tel ou tel *walî*, car de toute manière, ces pieux qui sont morts et enterrés ne peuvent rien pour eux-mêmes, et à plus forte raison pour qui que ce soit d'autre. Ces pieux, ces *walî*, qui sont morts et enterrés... Ce sont eux qui ont besoin qu'on invoque pour eux, ce sont eux qui ont besoin qu'on invoque Allah en leur faveur s'ils étaient parmi les croyants, car dans le cas contraire, Allah les a abandonnés à leur propre sort.

Ainsi, ces trois hommes bloqués dans la grotte se tournèrent les uns vers les autres, puis ils se dirent :

« Voyons ce que nous avons fait comme bonnes œuvres pour Allah, et invoquons-Le en les citant ! Il se peut qu'Il nous délivre. »

Gloire à Allah ! Voici la manifestation concrète *d'al-ihsân* (que tu adores Allah comme si tu Le voyais, car si tu ne Le vois pas, Lui te voit).

A ces mots, l'un d'eux dit :

« Ô Allah ! J'avais des parents très avancés dans l'âge et des enfants pour lesquels je faisais paître le troupeau. À mon retour le soir, je trayais les bêtes et je commençais à donner à boire à mes parents avant mes enfants. Un jour, je mis du temps à rentrer ; et en arrivant la nuit, j'ai trouvé mon père et ma mère endormis. Et comme d'habitude, je trayais les bêtes et je me mis ensuite au chevet de mes parents sans que je ne puisse prendre de décision : je ne pus ni les réveiller, ni donner à boire aux enfants qui restèrent à pleurer à mes pieds jusqu'au lever du soleil. Puis ils se levèrent au matin, et je leur ai donné à boire le lait. Ô Allah ! Si Tu juges que j'ai fait cela sincèrement pour Toi, accorde-nous une issue à la situation dans laquelle nous nous trouvons ! Allah fit alors se déplacer le rocher, mais pas assez pour qu'ils puissent sortir de la grotte ».

Ses enfants pleuraient, voulant boire le lait. Cependant, il est resté au chevet de ses parents, attendant qu'ils se réveillent ! Il a fait preuve de bonté envers ses parents, son acte, c'est la bienfaisance envers les parents à l'état pur ! Car à notre époque, beaucoup parmi nous ont de très mauvais comportements envers leurs parents, leur parlant d'une manière brusque, leur causant du tort, les contredisant sans cesse, leur faisant de la peine, manquant de considération à leur égard, heurtant leurs sentiments !

Il nous est même parvenu que certains ont porté la main sur leurs parents, comme cela a été porté devant les tribunaux islamiques.

Le deuxième homme se leva, et dit :

« Ô Allah ! J'avais une cousine que je désirais comme un homme peut désirer fortement une femme. Je lui demandai de me céder, mais elle refusa, et ce, jusqu'au jour où, étant dans la difficulté, elle me rendit visite pour me demander de l'aide, et j'acceptais de lui donner cent dirhams en contrepartie qu'elle se livre à moi, et elle céda, wal 'iyâdhu bil-Lâh. Mais une fois que je fus avec elle comme se met tout homme avec son épouse, elle me dit : "Crains Allah et ne brise le cachet que si tu en as le droit !" Sur ce, je me levai, lui laissant les dirhams... Ô Allah ! Si tu juges que j'ai fait cela sincèrement pour Toi, accorde-nous une issue à la situation dans laquelle nous sommes ! Et le rocher se déplaça un peu, mais pas assez afin qu'ils puissent sortir. »

Observez comment la peur d'Allah lui a fait cesser son péché, nul ne les voyait si ce n'est Allah Seul. Qui donc l'a poussé à se lever et à abandonner le péché ? Alors que la désobéissance était devant lui, prête à être effectuée, le péché lui tendait les bras et l'incitait, si ce n'est qu'il a vu une preuve évidente de la part de son Seigneur qui l'a poussé à faire preuve d'une grande sincérité et d'une grande dévotion pour Allah, **quand sa cousine lui a dit : « crains Allah », il s'est levé** !

Quant au troisième homme, il se leva et dit :

" Ô Allah ! J'avais des ouvriers qui travaillaient pour moi ! Ils vinrent me voir et je donnais à chacun leur part, sauf un qui était parti sans prendre sa part. Je fis donc fructifier sa part, qui ne fît que s'accroître jusqu'à ce que je pusse avoir des vaches avec leur berger, des chameaux, des champs, etc. Puis, un beau jour, l'ouvrier revint, et il me dit : « Ô untel ! Donne-moi mon dû ». Je lui répondis : « tout ceci t'appartient », il rétorqua : « ne te moque pas de moi ! » Je lui répondis : « je ne me moque pas de toi, tout ceci est ton bien », il les prit, ne me laissa rien et partit. Ô Allah ! Si Tu juges que j'ai fait cela sincèrement pour Toi, accorde-nous une issue à la situation à laquelle nous

sommes. » Sur ce, Allah fit s'écarter le rocher, et les trois hommes purent sortirent en marchant.»

Telle est la réalité de l'excellence dans l'adoration, la réalité de l'*ihsân* ! L'excellence dans l'adoration au sens propre du terme, et c'est le plus haut degré de foi ; *al-ihsân* est le plus haut degré de la foi, et ça n'a rien à voir avec ce que prétendent les soufis, qui disent qu'*al-ihsân* est un degré qu'atteignent les pieux qui se voient déchargés des obligations ; ils prétendent qu'ils n'ont plus besoin d'accomplir la prière, ni de verser la *zakât*, ni de faire le *hajj*, etc. Ils prétendent avoir atteint un niveau supérieur, et bien entendu, ceci est totalement faux, c'est une prétention fausse et perverse. En vérité, *al-ihsân* est le plus haut degré d'adoration pour Allah, et plus le musulman ou la musulmane est concentré et dévoué pour Allah dans ses actes d'adoration, et plus il monte en degrés, en ce qui concerne al-ihsân.

C'est pour cela que le prophète ﷺ, à qui Allah avait pardonné les péchés passés et futurs, passait ses nuits en adoration, au point que ses nobles pieds se fissuraient ; il restait tellement prosterné longuement que cela finissait par apparaitre sur son visage qui était marqué par la prosternation. Et quand on lui faisait la remarque, il répondait : « **ne serais-je point un serviteur reconnaissant** ».

L'auteur, le shaykh Mouhammed Ibn 'Abdel Wahhâb, a cité comme preuve *d'al-ihsân,* la parole d'Allah quand Il nous dit :

﴿ إِنَّ ٱللَّهَ مَعَ ٱلَّذِينَ ٱتَّقَوا۟ وَّٱلَّذِينَ هُم مُّحْسِنُونَ ﴾

« Certes, Allah est avec ceux qui le craignent et qui sont bienfaisants ». *[An-Nahl ; 128]*

De même que les autres versets qu'il a rapportés, et tous traitent du plus haut degré de la foi (*al-ihsân*). Allah, dans le *Qur'ân*, a décrit les gens qui excellent dans l'adoration (les gens *d'al ihsân*) comme étant « *as-sâbiqûn* » (les devanciers).

Allah nous dit dans le ***Qur'ân*** :

﴿ وَٱلسَّٰبِقُونَ ٱلسَّٰبِقُونَ ﴿١٠﴾ أُوْلَٰٓئِكَ ٱلْمُقَرَّبُونَ ﴿١١﴾ فِى جَنَّٰتِ ٱلنَّعِيمِ ﴿١٢﴾
ثُلَّةٌ مِّنَ ٱلْأَوَّلِينَ ﴿١٣﴾ وَقَلِيلٌ مِّنَ ٱلْءَاخِرِينَ ﴿١٤﴾ عَلَىٰ سُرُرٍ مَّوْضُونَةٍ ﴿١٥﴾
مُّتَّكِـِٔينَ عَلَيْهَا مُتَقَٰبِلِينَ ﴿١٦﴾ ﴾

« Les premiers (à suivre les ordres d'Allah sur la terre) ce sont eux qui seront les premiers (dans l'au-delà). Ce sont ceux-là les plus rapprochés d'Allah. Dans les Jardins des délices. Une multitude d'élus parmi les premières [générations]. Et un petit nombre parmi les dernières [générations]. Sur des lits ornés [d'or et de pierreries]. S'y accoudant et se faisant face. »
[Al Wâqi'ah ; 10-16]

Et Il nous dit également :

﴿ ثُمَّ أَوْرَثْنَا ٱلْكِتَٰبَ ٱلَّذِينَ ٱصْطَفَيْنَا مِنْ عِبَادِنَا ۖ فَمِنْهُمْ ظَالِمٌ لِّنَفْسِهِۦ وَمِنْهُم
مُّقْتَصِدٌ وَمِنْهُمْ سَابِقٌۢ بِٱلْخَيْرَٰتِ بِإِذْنِ ٱللَّهِ ۚ ذَٰلِكَ هُوَ ٱلْفَضْلُ ٱلْكَبِيرُ ﴾

« Ensuite, Nous fîmes héritiers du Livre ceux de Nos serviteurs, que Nous avions choisis. Il en est parmi eux qui font du tort à eux-mêmes, d'autres qui se tiennent sur une voie moyenne, et d'autres, avec la permission d'Allah, devancent [tous les autres] par les bonnes actions ; telle est la grâce infinie ». *[Fâtir ; 32]*

Et ceux qui devancent les autres par les bonnes actions, ceux-là sont les gens *d'al-ihsân*, et *al-ihsân* est le plus haut degré de la foi !

On peut résumer *al-ihsân* en une phrase :

C'est qu'Allah ne te trouve pas en train de délaisser ce qu'Il t'a ordonné de faire, ou d'accomplir ce qu'Il t'a interdit de faire, telle est l'excellence dans l'adoration (*al-ihsân*) ; c'est le plus haut degré de soumission, et le plus haut rang d'adoration d'Allah ﷻ.

À chaque fois que l'adorateur est concentré, dévoué pour Allah dans ses adorations, il atteint le degré *d'al-ihsân*, et le contraire également, en fonction de ses manquements ou de sa faiblesse, il régresse et baisse en degré en ce qui concerne *al-ihsân*.

بِسْمِ ٱللَّهِ ٱلرَّحْمَٰنِ ٱلرَّحِيمِ

Bismillâhi r-rahmâni r-rahîm

‘Omar Ibn Al Khattâb – le célèbre compagnon du prophète ﷺ – nous rapporte le récit suivant :

« Un jour que nous étions assis auprès de l’envoyé d’Allah, se présenta un homme aux habits d’une vive blancheur et aux cheveux d’une noirceur intense, sans aucune trace de voyage visible sur lui. Alors qu’aucun parmi nous ne le connaissait, il vint s’asseoir en face du prophète ﷺ, plaça ses genoux contre les siens, posa les paumes de ses mains sur ses deux cuisses, puis il dit : « Ô Muhammad ! Informe-moi au sujet de l’Islam », l’envoyé d’Allah lui répondit : « l’Islam est que tu témoignes qu’il n’existe de divinité digne d’adoration si ce n’est Allah et que Muhammad est l’envoyé d’Allah ; que tu accomplisses la prière ; que tu verses la *Zakât ;* que tu jeûnes le mois de *Ramadhân* et que tu accomplisses le pèlerinage à la maison sacrée si tu en as les moyens ».

L’homme lui répondit : « tu dis vrai ! »

Nous fûmes pris d’étonnement de le voir interroger le prophète ﷺ puis de l’approuver par la suite.

Puis il reprit : « informe-moi au sujet de la foi (*al-imân*) ».

Le prophète ﷺ répliqua : « c'est croire en Allah, en Ses anges, en Ses livres, en Ses prophètes, au Jour Dernier, et de croire dans le Destin, qu'il soit bon ou mauvais ».

« Tu dis vrai ! Dit l'homme ».

Et il reprit : « informe-moi au sujet de l'excellence (*al-ihsân*) ».

Le prophète ﷺ répondit : « c'est que tu adores Allah comme si tu Le voyais, car si tu ne Le vois pas, Lui te voit ».

L'homme dit ensuite : « informe-moi au sujet de l'heure ». Le prophète répondit :

« L'interrogé n'en sait pas plus que celui qui l'interroge ».

L'homme demanda alors : « quels en sont les signes précurseurs ? »

« C'est, dit le prophète : lorsque la servante engendrera sa maîtresse, et lorsque tu verras des gardiens de moutons miséreux, pieds-nus et mal vêtus, rivaliser dans l'édification de constructions élevées ».

L'homme s'en alla ensuite. Quant à moi, je demeurai là un bon moment. Ensuite, le prophète ﷺ me demanda : « Ô 'Omar ! Sais-tu qui m'a interrogé ?».

Je répondis : « Allah et Son envoyé sont plus savants. » « Cet homme était Jibril (l'Archange Gabriel, Paix sur lui) », dit le prophète, il est venu pour vous enseigner votre religion. »

COMMENTAIRES

Ainsi, concernant ce hadith, nous allons aborder et clarifier certains points.

Tout d'abord, cet homme qui s'est présenté était l'ange Jibrîl. Cependant, il n'avait pas son apparence véritable ; il s'est présenté sous les traits d'un être humain, et, comme l'a décrit 'Omar, il avait des habits d'une vive blancheur et les cheveux d'un noir intense, il n'y avait sur lui aucune trace visible de voyage. Pourtant, nul ne le connaissait. C'est-à-dire que cet homme était un étranger et pas un seul des compagnons ne le connaissaient. Pourtant, à le regarder, il ne donnait pas l'impression d'avoir voyagé, car à l'époque, les voyages se faisaient soit à cheval soit en chameau, et donc, laissaient forcément des traces de poussière, de terre, etc. Mais cet homme, non ! Ses vêtements étaient d'une vive blancheur !

Et ce qui a attiré leur attention également, ce qui a éveillé leur curiosité et attiré leurs regards, c'est la manière dont il s'est assis quand il a collé ses genoux à ceux du prophète ﷺ et qu'il a posé ses mains sur ses cuisses. Puis il a dit : « Ô Mouhammed ! Informe-moi au sujet de l'Islâm ».

Le prophète ﷺ lui a répondu en lui citant les cinq piliers de l'Islâm ; il lui a dit : « l'Islam est que tu témoignes qu'il n'existe de divinité digne d'adoration si ce n'est Allah et que Muhammad est l'envoyé d'Allah ; que tu accomplisses la prière ; que tu verses la *Zakât* ; que tu jeûnes le mois de *Ramadhân,* et que tu accomplisses le pèlerinage à la maison sacrée si tu en as les moyens. » Et l'homme lui répondu : « tu dis vrai ! »

Nous avions cité, lors de nos dernières séances, le hadith de Ibn 'Omar, quand il rapporte qu'il a entendu le prophète ﷺ dire : « l'Islâm est bâti sur cinq (piliers) ». Le contenu de ce hadith est identique à ce que le prophète a répondu à l'étranger.

Donc l'homme lui a répondu : « tu dis vrai !» Et 'Omar dis : « nous fûmes pris d'étonnement !» C'est-à-dire que l'homme était à la fois celui qui interroge et celui qui confirme ; il était à la fois celui qui recherche l'information et celui qui confirme cette information.

Un homme que personne n'a jamais vu, et que personne ne connait, se présente au prophète ﷺ, s'assoit devant lui en collant ses genoux aux siens, l'interroge et confirme ses dires ! سبحان الله Imaginez l'étonnement des compagnons du prophète ﷺ.

Shaykh As-Souhaymi nous dit : « c'est comme s'il connaissait ces fondements avant même d'avoir posé la question, et qu'il avait simplement voulu les confirmer ».

Puis l'homme a dit : « informe-moi au sujet d'*al-îmân*, au sujet de la foi ! ». Et le prophète ﷺ lui a cité les piliers de la foi : « que tu crois en Allah, en Ses anges, en Ses livres révélés, en Ses prophètes, au Jour Dernier, et au Destin, qu'il soit bon ou mauvais ».

Nous avons vu les versets coraniques qui clarifient les six piliers de la foi, comme quand Allah nous dit dans le ***Qur'ân*** :

﴿ ءَامَنَ ٱلرَّسُولُ بِمَآ أُنزِلَ إِلَيۡهِ مِن رَّبِّهِۦ وَٱلۡمُؤۡمِنُونَۚ كُلٌّ ءَامَنَ بِٱللَّهِ وَمَلَٰٓئِكَتِهِۦ وَكُتُبِهِۦ وَرُسُلِهِۦ ﴾

« Le Messager a cru en ce qu'on a fait descendre vers lui venant de son Seigneur, et aussi les croyants : tous ont cru en Allah, en Ses anges, en Ses livres et en Ses messagers ».

Et également la parole d'Allah :

﴿ لَّيۡسَ ٱلۡبِرَّ أَن تُوَلُّواْ وُجُوهَكُمۡ قِبَلَ ٱلۡمَشۡرِقِ وَٱلۡمَغۡرِبِ وَلَٰكِنَّ ٱلۡبِرَّ مَنۡ ءَامَنَ بِٱللَّهِ وَٱلۡيَوۡمِ ٱلۡأٓخِرِ وَٱلۡمَلَٰٓئِكَةِ وَٱلۡكِتَٰبِ وَٱلنَّبِيِّـۧنَ ﴾

« La bonté pieuse ne consiste pas à tourner vos visages vers le levant ou le couchant. Mais la bonté pieuse est de croire en Allah, au jour dernier, aux anges, au Livre et aux prophètes ».

Et aussi, la parole d'Allah prouvant le Destin quand il nous dit :

﴿ إِنَّا كُلَّ شَيۡءٍ خَلَقۡنَٰهُ بِقَدَرٍ ﴾

« Nous avons créé toute chose avec mesure »

Ce verset est la preuve du destin.

Nous avons vu que la foi intègre trois points :

- une parole par la langue ;
- une conviction du cœur ;
- une mise en pratique par les membres.

De même que nous avons vu que la foi augmente et diminue ; elle augmente avec les actions pieuses, et elle diminue avec les désobéissances à Allah (les péchés).

Nous avons également la réplique à ceux qui prétendent que la foi ni n'augmente ni ne diminue.

Puis, l'étranger a dit au prophète ﷺ : « informe-moi au sujet de l'excellence (*al ihsân*) », et le prophète ﷺ a répondu : « que tu adores Allah comme si tu Le voyais, car si tu ne Le vois pas, certes, Lui te voit ! »

Puis, l'étranger a dit au prophète ﷺ : « informe-moi au sujet de l'heure (c'est-à-dire la fin du monde)», et le prophète lui a répondu :

« L'interrogé n'en sait pas plus que celui qui l'interroge ».

Car le prophète ﷺ savait que cet étranger n'était autre que Jibril. Ainsi, Jibril était celui qui interrogeait, et le prophète ﷺ était l'interrogé !

Et « L'interrogé n'en sait pas plus que celui qui l'interroge » : c'est-à-dire que ni Jibril, ni le prophète ﷺ ne savent quand se produira la fin du monde. Ni Jibril, qui est le plus noble des anges, ni le prophète Mouhammed ﷺ, le dernier et le plus noble des envoyés, ne savent quand se produira la fin du monde !

Car la connaissance du jour et du moment où se produira la fin du monde fait partie des cinq mystères, des cinq secrets absolus dont Allah s'est attribué la connaissance de manière exclusive. Allah s'est réservé cette connaissance à Lui seul.

Comme nous dit Allah dans le ***Qur'ân*** :

﴿ إِنَّ ٱللَّهَ عِندَهُۥ عِلْمُ ٱلسَّاعَةِ وَيُنَزِّلُ ٱلْغَيْثَ وَيَعْلَمُ مَا فِى ٱلْأَرْحَامِ ۖ
وَمَا تَدْرِى نَفْسٌ مَّاذَا تَكْسِبُ غَدًا ۖ وَمَا تَدْرِى نَفْسٌۢ بِأَىِّ أَرْضٍ تَمُوتُ ۚ
إِنَّ ٱللَّهَ عَلِيمٌ خَبِيرٌۢ ﴾

« La connaissance de l'Heure est auprès d'Allah ; et c'est Lui qui fait tomber la pluie salvatrice ; et Il sait ce qu'il y a dans les matrices. Et personne ne sait ce qu'il acquerra demain, et personne ne sait dans quelle terre il mourra. Certes Allah est Omniscient et Parfaitement Connaisseur ».

Ensuite, l'étranger lui a dit : « *informe-moi alors sur ses signes précurseurs* » : c'est-à-dire les signes qui nous indiquent l'arrivée de l'heure ; les signes qui nous indiquent que la fin des temps est proche. Bien naturellement, il existe des grands et des petits signes, et ce que le prophète ﷺ a cité, entre sous la dénomination des petits signes ; ce sont des petits signes précurseurs, et donc, il a dit :

« ***Quand la servante engendrera sa maîtresse*** » : c'est-à-dire quand la servante esclave enfantera de son maître, elle enfantera d'un enfant qui deviendra son maître dans le futur.

Le prophète ﷺ a dit également :

« ***Et quand tu verras des gardiens de moutons miséreux, pieds-nus et mal vêtus, rivaliser dans l'édification de constructions élevées*** ».

Et ceci s'est produit à notre époque : tu vois des gens qui vivaient dans les campagnes, dans les coins reculés, les gens qui vivaient dans les steppes, le désert, puis ils ont émigrés vers les villes, et tu les vois se concurrencer dans la construction de maisons, c'est-à-dire qu'ils sont venus habiter dans les villes et rivalisent dans la construction de maisons, ils disent laquelle des maisons est la plus haute ? Est-ce la tienne ou la mienne ?

Cependant, on ne déduit pas de cette parole prophétique l'interdiction de rajouter des étages dans les maisons. De cette parole du prophète ﷺ on ne tire pas une interdiction ; le prophète ﷺ nous a informé de ce qui allait se passer dans le futur.

Ce miracle prophétique, ce prodige, s'est déjà réalisé à plusieurs reprises.

Puis l'homme est parti, et 'Omar nous dit : « et je restai un bon moment », et dans une autre version du hadith on trouve : « et nous restâmes un bon moment ».

C'est-à-dire plusieurs jours, (sans rien demander au sujet de cette affaire), puis quelques temps après, le prophète ﷺ lui demanda :

« Ô 'Omar ! Sais-tu qui était cet homme qui m'interrogeait ?»

Et les *Sahâbah* ont répondu : « Allah est sont Messager sont les plus savants ».

Cette manière de répondre était valable du temps de l'envoyé d'Allah ﷺ, de son vivant. Mais aujourd'hui, le prophète ﷺ est retourné chez son Créateur. Aussi, nous devons nous contenter de dire « *Allahu a'lam* » : Allah est le plus Savant.

Ainsi, les *Sahâbah* ont répondu : « Allah est son Messager sont les plus savants », et le prophète leur a révélé qu'il s'agissait de l'ange Jibril عليه السلام. Il leur a dit : « il s'agissait de Jibril qui était venu vous enseigner votre religion », et dans une variante du hadith on trouve : « il s'agissait de Jibril, venu pour vous enseigner les choses de votre religion ».

En effet, ce hadith est un condensé des trois fondements, et de ce qui est en rapport avec les trois fondements ; que ce soit les règles ou les preuves issues du *Qur'ân* et de la Sunnah.

Nous avons terminé le deuxième fondement, par la grâce d'Allah.

Nous avons vu l'introduction : la connaissance d'Allah et celle de la religion islamique que nous venons de terminer aujourd'hui. Il nous reste à voir le troisième et dernier fondement, qui est la connaissance du Prophète ﷺ et nous aurons terminé la traduction de l'explication de cet ouvrage grandiose, et nous demandons à Allah de nous faciliter la compréhension et la mise en pratique, nous lui demandons de nous préserver de l'égarement et des épreuves, nous nous repentons à lui et nous revenons vers lui soumis et reconnaissants.

وَصَلَّى اللهُ عَلَى مُحَمَّدٍ وَعَلَى آلِهِ وَصَحْبِهِ أَجْمَعِين

بِسْمِ ٱللَّهِ ٱلرَّحْمَٰنِ ٱلرَّحِيمِ

Bismillâhi r-rahmâni r-rahîm

Le troisième fondement est la connaissance de votre Prophète Mouhammed ﷺ. Il s'appelle donc Mouhammed ﷺ, fils de 'Abdullâh, fils de 'Abdel-Muttalib, fils de Hâchem, et Hâchem est de la tribu de Qoraych, et Qoraych fait partie des Arabes, et les Arabes font partie de la descendance d'Isma'il le fils d'Ibrâhîm, l'ami intime d'Allah « ***al-Khalîl*** », sur lui ainsi que sur notre Prophète les meilleures prières et salutations. Il a vécu soixante-trois ans, quarante ans avant la prophétie, et vingt-trois années en tant que Prophète [***Rassûl***] et Messager [***Nabî***]. Il est devenu prophète quand il lui fut révélé : « ***Iqra*** (***Lis***) ! », et est devenu Messager quand lui fut révélé la sourate « al-muddathir », « ***Le revêtu de son manteau*** ». Son pays (ville natale) est La Mecque ***(Makka)***. Allah l'a envoyé afin d'avertir contre le polythéisme (***Shirk***), et d'appeler à l'unicité (***Tawhid***).

La preuve en est la parole d'Allah ﷻ :

﴿ يَٰٓأَيُّهَا ٱلْمُدَّثِّرُ ۝١ قُمْ فَأَنذِرْ ۝٢ وَرَبَّكَ فَكَبِّرْ ۝٣ وَثِيَابَكَ فَطَهِّرْ ۝٤
وَٱلرُّجْزَ فَٱهْجُرْ ۝٥ وَلَا تَمْنُن تَسْتَكْثِرُ ۝٦ وَلِرَبِّكَ فَٱصْبِرْ ۝٧ ﴾

« Ô, toi (Muhammad) ! Le revêtu d'un manteau ! Lève-toi et avertis ! Et de ton Seigneur, célèbre la grandeur. Et tes vêtements, purifie-les. Et de tout péché, écarte-toi. Et ne donne

pas dans le but de recevoir davantage. Et pour ton Seigneur, endure.* » *[Al Mudathir ; 1-7]

Le sens de « *Lève-toi et avertis* » c'est : met en garde contre le polythéisme et appelle à l'unicité. « *Et ton Seigneur, célèbre Sa grandeur* » : proclame Sa grandeur par (la pratique de) l'unicité (***Tawhid***). « *Et tes vêtements, purifie-les* » : c'est-à-dire purifie tes actions du polythéisme. *« Et de tout péché, écarte-toi » : « ar rujz »* : ce sont les idoles. « ***S'en écarter*** », signifie : les délaisser en les désavouant, ainsi que leurs adeptes.

Il (Le Messager d'Allah ﷺ) demeura ainsi, pendant dix ans, en appelant à l'unicité [***Tawhîd***]. Après ces dix années, il fut élevé vers le ciel (lors du voyage nocturne) ; [***al-Isrâ' wal-Mi'râdj***], où il reçut la prescription des cinq prières obligatoires. Il pratiqua ces prières à Makka pendant trois ans, puis il lui fut ordonné d'émigrer vers Médine.

COMMENTAIRES

Voici donc le troisième fondement, nous avons vu que ces trois fondements correspondent aux trois premières questions qui seront posées au serviteur lorsqu'il sera introduit dans sa tombe, lors de sa petite résurrection, lors de son interrogatoire par les anges. Et ce troisième fondement est la connaissance du prophète Mouhammad ﷺ, la foi en lui ! Croire au Messager d'Allah ﷺ, avoir foi en son message prophétique, implique nécessairement d'éprouver de l'amour à son égard, et même de l'aimer plus que n'importe qui d'autre en dehors de lui (sauf Allah le Tout Puissant), que ce soit nos parents, nos enfants, nos proches, nos épouses ou nos propres personnes...

La simple prétention ne suffit pas ; dire qu'on a foi dans le message du prophète ﷺ ne suffit pas si cela ne se traduit pas par les paroles et les actes. La simple prononciation par la langue ne suffit pas, le musulman et la musulmane se doivent de prendre en exemple le prophète ﷺ dans ses actes, ses paroles, ses silences, etc. Ils se doivent de le prendre en exemple dans tous les aspects de sa vie, et ils se doivent d'oeuvrer, d'agir pieusement, en étant en totale conformité avec les enseignements du prophète ﷺ, en totale adéquation avec lui.

Puis, l'auteur a fait allusion, dans ce passage, à l'origine du Messager d'Allah (sa filiation) ﷺ. Le messager d'Allah ﷺ nous dit, dans un hadith : ***« Allah a choisi Kinâna parmi les Fils d'Ismâ'il, et Il a choisi Quraich parmi la descendance de Kinâna, et dans la lignée de Quraich, Il a choisi les Fils de Hâchim et m'a élu parmi les Fils de Hâchim. Je suis donc le meilleur, issu des meilleurs ».***

Ainsi, il est l'élu : *al-moustafâ,* le meilleur, issu des meilleurs ﷺ.

Avoir foi en lui et en son message fait partie intégrante de la foi (c'est une partie indivisible de la foi musulmane), et quiconque doute de sa prophétie, quiconque doute de son message, devient inévitablement mécréant et apostat.

Puis, l'auteur a cité l'âge du prophète ﷺ, à savoir soixante-trois ans ; le prophète ﷺ s'est éteint à l'âge de soixante-trois ans. La révélation débuta alors qu'il avait quarante ans. Il a passé vingt-trois longues années à lutter, à persévérer, à faire des efforts acharnés, à prêcher, à conseiller la communauté, et à accomplir des œuvres pieuses pour se rapprocher d'Allah. (Il est même cité dans sa biographie qu'avant la prophétie il adorait Allah seul) *[cf. ar-Rahîq al-Makhtoum].*

Le prophète ﷺ a passé treize années à La Mecque à appeler au Tawhîd, et à concentrer son appel sur ce sujet précisément. Il a passé treize années à établir les bases, les fondements, et les assises de la croyance islamique. Quant aux règles détaillées, les lois juridiques, elles furent révélées à Médine, c'est-à-dire après son émigration vers la ville de Médine.

Durant la période mecquoise, à la dixième année, il a accompli le voyage nocturne ; c'est-à-dire qu'en une nuit, il fut transporté du *Masdjid al-Haram* (La Mecque) jusqu'au *Masjid al-Aqsâ*, c'est-à-dire à Jérusalem, où il fut élevé au-dessus des cieux. Il eut l'occasion de voir les merveilles, et les signes d'Allah ﷻ.

Comme nous dit Allah dans le ***Qur'ân*** :

﴿ سُبۡحَٰنَ ٱلَّذِيٓ أَسۡرَىٰ بِعَبۡدِهِۦ لَيۡلٗا مِّنَ ٱلۡمَسۡجِدِ ٱلۡحَرَامِ إِلَى ٱلۡمَسۡجِدِ
ٱلۡأَقۡصَا ٱلَّذِي بَٰرَكۡنَا حَوۡلَهُۥ لِنُرِيَهُۥ مِنۡ ءَايَٰتِنَآۚ إِنَّهُۥ هُوَ ٱلسَّمِيعُ ٱلۡبَصِيرُ ﴾

« Gloire et Pureté à Celui qui de nuit, fit voyager Son serviteur [Muhammad], de la Mosquée Al-Haram à la Mosquée Al-Aqsâ dont Nous avons béni l'alentours, afin de lui faire voir certaines de Nos merveilles. C'est Lui, vraiment, qui est l'Audient, le Clairvoyant ». *[Al Isrâ ; 1]*

De même, concernant cette nuit bénie et ce que le prophète ﷺ a pu y découvrir et voir.

Allah nous dit dans le ***Qur'ân*** :

﴿ وَٱلنَّجۡمِ إِذَا هَوَىٰ ١ مَا ضَلَّ صَاحِبُكُمۡ وَمَا غَوَىٰ ٢ وَمَا يَنطِقُ عَنِ ٱلۡهَوَىٰٓ
٣ إِنۡ هُوَ إِلَّا وَحۡيٞ يُوحَىٰ ٤ عَلَّمَهُۥ شَدِيدُ ٱلۡقُوَىٰ ٥ ذُو مِرَّةٖ فَٱسۡتَوَىٰ ٦
وَهُوَ بِٱلۡأُفُقِ ٱلۡأَعۡلَىٰ ٧ ثُمَّ دَنَا فَتَدَلَّىٰ ٨ فَكَانَ قَابَ قَوۡسَيۡنِ أَوۡ أَدۡنَىٰ ٩ فَأَوۡحَىٰٓ
إِلَىٰ عَبۡدِهِۦ مَآ أَوۡحَىٰ ١٠ مَا كَذَبَ ٱلۡفُؤَادُ مَا رَأَىٰٓ ١١ أَفَتُمَٰرُونَهُۥ عَلَىٰ مَا يَرَىٰ
١٢ وَلَقَدۡ رَءَاهُ نَزۡلَةً أُخۡرَىٰ ١٣ عِندَ سِدۡرَةِ ٱلۡمُنتَهَىٰ ١٤ عِندَهَا جَنَّةُ ٱلۡمَأۡوَىٰٓ ١٥
إِذۡ يَغۡشَى ٱلسِّدۡرَةَ مَا يَغۡشَىٰ ١٦ مَا زَاغَ ٱلۡبَصَرُ وَمَا طَغَىٰ ١٧
لَقَدۡ رَأَىٰ مِنۡ ءَايَٰتِ رَبِّهِ ٱلۡكُبۡرَىٰٓ ١٨ ﴾

« Par l'étoile à son déclin ! Votre compagnon ne s'est pas égaré et n'a pas été induit en erreur. Et il ne prononce rien sous l'effet de la passion ; Ce n'est rien d'autre qu'une

révélation inspirée. Que lui a enseigné [L'Ange Gabriel] à la force prodigieuse, Doué de sagacité ; c'est alors qu'il se montra sous sa forme réelle [angélique], Alors qu'il se trouvait à l'horizon supérieur. Puis il se rapprocha et descendit encore plus bas, Et fut à deux portées d'arc, ou plus près encore. Il révéla à Son serviteur ce qu'Il révéla. (C'est-à-dire Allah). Le cœur n'a pas menti en ce qu'il a vu. Lui contestez-vous donc ce qu'il voit ? Il l'a pourtant vu, lors d'une autre descente (c'est-à-dire Jibril) Près du lotus de limite, Auprès duquel se trouve le jardin de Maawa : Au moment où le lotus était couvert de ce qui le couvrait. La vue n'a nullement dévié ni outrepassé la mesure. Il a bien vu certaines des grandes merveilles de son Seigneur ». *[An-Nadjm ; 1-18]*

Ainsi, il a vu certaines grandes merveilles de son Seigneur lors du voyage nocturne, mais on ne connait pas avec précision la date de cet événement. Les historiens musulmans, les savants, divergent quant à ce point. Cependant, croire en cet événement grandiose est obligatoire ; il n'est pas permis d'en douter.

Concernant la date précise de cet événement, les historiens musulmans divergent. Certains disent que cela s'est produit au mois de Rajab, d'autres disent au mois de Ramadhân, d'autres disent au mois de Sha'bân, d'autres disent la vingt-septième nuit du mois de Rajab, d'autres disent le vingt du mois de Rajab, d'autres disent le quinze du mois de Sha'bân, etc. Il n'y a pas eu de preuves claires concernant la date précise de cet évènement, et quand bien même la date de cet événement aurait été confirmée, il ne nous est pas permis d'en faire un jour de fête, ni de spécifier des adorations particulières pour ce jour, comme le font malheureusement beaucoup de gens, car en vérité, ceci n'était pas pratiqué à l'époque du messager d'Allah ﷺ, ni à l'époque de ses compagnons après sa mort ﷺ, et ce phénomène n'est apparu qu'au quatrième siècle de l'Islâm.

Ainsi, la foi dans le voyage nocturne est obligatoire et il n'est pas permis de douter à son sujet, et nous dirons même plus, croire en cet événement fait partie intégrante de la foi. Mais croire en cet événement ne signifie pas que nous devons faire une commémoration chaque année, cela ne signifie pas que nous devons instituer, de notre propre initiative, un jour de fête en l'honneur de cet événement, car Allah n'a rien révélé à ce sujet !

De plus, la date précise de cet événement ne nous est pas parvenue de manière sûre, et quand bien même nous connaitrions la date précise de cet événement, rien n'a été légiféré à ce sujet pour nous ; il ne nous a pas été ordonné d'accomplir telle ou telle adoration en souvenir du voyage nocturne.

Ainsi, tous ceux qui s'imaginent qu'il y a une fête ou une commémoration durant le mois de Rajab ou qui accomplissent des adorations particulières lors de ce mois, nous leur disons : « retournez au livre d'Allah et à la *Sunnah* de son messager ﷺ d'après la compréhension des pieux prédécesseurs ! Et vous verrez qu'aucun verset du *Qur'ân*, qu'aucun hadith, qu'aucun texte, n'indique cela ! »

Puis, l'auteur a abordé l'effort incessant du messager d'Allah ﷺ, son combat, et le fait qu'il a expliqué les fondements de la religion en détail, après son émigration à Médine. Il a également cité que vu leur importance essentielle, les cinq prières quotidiennes obligatoires furent instituées lors du voyage nocturne quand le prophète ﷺ se trouvait au-dessus des sept cieux ; c'est à ce moment que fut révélé l'ordre de les accomplir, et ceci nous montre la place imminente qu'occupent les cinq prières quotidiennes dans notre législation. La prière est la plus importante des obligations juste après les deux témoignages de foi, mais beaucoup de gens à notre époque l'ont délaissée, والعياذ بالله. Et ces gens se revendiquent de l'Islâm ! Qu'Allah nous préserve de faire partie de ceux qui délaissent les cinq prières quotidiennes obligatoires.

L'émigration (*al-Hijrah*) est obligatoire pour cette communauté ; c'est le fait de quitter un pays de polythéisme (*Shirk*) pour se rendre et vivre dans un pays de Soumission (Islam). Cette émigration demeure obligatoire jusqu'à la venue de l'Heure.

La preuve est la parole d'Allah ﷻ :

﴿ إِنَّ ٱلَّذِينَ تَوَفَّىٰهُمُ ٱلْمَلَٰٓئِكَةُ ظَالِمِىٓ أَنفُسِهِمْ قَالُوا۟ فِيمَ كُنتُمْ ۖ قَالُوا۟ كُنَّا
مُسْتَضْعَفِينَ فِى ٱلْأَرْضِ ۚ قَالُوٓا۟ أَلَمْ تَكُنْ أَرْضُ ٱللَّهِ وَٰسِعَةً فَتُهَاجِرُوا۟ فِيهَا ۚ فَأُو۟لَٰٓئِكَ
مَأْوَىٰهُمْ جَهَنَّمُ ۖ وَسَآءَتْ مَصِيرًا ﴿٩٧﴾ إِلَّا ٱلْمُسْتَضْعَفِينَ مِنَ ٱلرِّجَالِ وَٱلنِّسَآءِ
وَٱلْوِلْدَٰنِ لَا يَسْتَطِيعُونَ حِيلَةً وَلَا يَهْتَدُونَ سَبِيلًا ﴿٩٨﴾ فَأُو۟لَٰٓئِكَ عَسَى ٱللَّهُ أَن
يَعْفُوَ عَنْهُمْ ۚ وَكَانَ ٱللَّهُ عَفُوًّا غَفُورًا ﴿٩٩﴾ ﴾

« Ceux qui ont fait du tort à eux-mêmes, les Anges enlèveront leurs âmes en leur disant : "Où en étiez-vous ?" (À propos de votre religion) - "Nous étions impuissants sur terre", répondront-ils. Alors, les Anges diront : "La terre d'Allah n'était-elle pas assez vaste pour vous permettre d'émigrer ?" Voilà bien ceux dont le refuge est l'Enfer. Et quelle mauvaise destination ! À l'exception des impuissants : hommes, femmes et enfants, incapables de voyager, et qui ne trouvent aucune voie : À ceux-là, il se peut qu'Allah accorde le pardon. Allah est Miséricordieux et Pardonneur. » *[An-Nissâ ; 97-99]*

Allah nous dit également dans le ***Qur'ân*** :

﴿ يَٰعِبَادِىَ ٱلَّذِينَ ءَامَنُوٓا۟ إِنَّ أَرْضِى وَٰسِعَةٌ فَإِيَّٰىَ فَٱعْبُدُونِ ﴾

« Ô Mes serviteurs qui aviez cru ! Ma terre est bien vaste. Adorez-Moi donc ! » *[Al 'Ankabut ; 56]*

L'imâm Al Baghawî رحمه الله a dit : « La cause de la révélation de ce verset était que certains musulmans étaient restés à La Mecque sans émigrer. Allah les a tout de même considérés croyants. »

La preuve tirée de la Sunnah concernant l'émigration se trouve dans la parole du Messager d'Allah ﷺ quand il a dit :

« L'émigration (Al-hijrah) ne cessera pas tant que le repentir sera accepté, et le repentir sera accepté tant que le soleil ne se sera pas levé de son couchant. »

L'auteur cite ici certaines règles relatives à la « *hijrah* » (l'émigration), et la « *hijrah* » qui est obligatoire c'est celle qui s'effectue des terres de mécréance vers les terres d'Islâm. Ainsi, si le musulman a la capacité de quitter une terre de mécréance pour se rendre et vivre en terre d'Islâm, alors cette *« hijrah »* (cette émigration) lui devient obligatoire, afin qu'il puisse pratiquer et accomplir ses obligations religieuses de la meilleure des façons. Et certes, Allah a fait part de Sa menace à ceux qui n'accomplissent pas cette émigration d'une terre de *kufr* (mécréance) vers une terre d'Islâm, alors qu'ils en sont capables, quand Il nous dit dans le ***Qur'ân*** :

﴿ إِنَّ ٱلَّذِينَ تَوَفَّىٰهُمُ ٱلْمَلَٰٓئِكَةُ ظَالِمِىٓ أَنفُسِهِمْ قَالُوا۟ فِيمَ كُنتُمْ ۖ قَالُوا۟ كُنَّا
مُسْتَضْعَفِينَ فِى ٱلْأَرْضِ ۚ قَالُوٓا۟ أَلَمْ تَكُنْ أَرْضُ ٱللَّهِ وَٰسِعَةً فَتُهَاجِرُوا۟ فِيهَا ۚ فَأُو۟لَٰٓئِكَ
مَأْوَىٰهُمْ جَهَنَّمُ ۖ وَسَآءَتْ مَصِيرًا ﴿٩٧﴾ إِلَّا ٱلْمُسْتَضْعَفِينَ مِنَ ٱلرِّجَالِ وَٱلنِّسَآءِ
وَٱلْوِلْدَٰنِ لَا يَسْتَطِيعُونَ حِيلَةً وَلَا يَهْتَدُونَ سَبِيلًا ﴿٩٨﴾ فَأُو۟لَٰٓئِكَ عَسَى ٱللَّهُ أَن
يَعْفُوَ عَنْهُمْ ۚ وَكَانَ ٱللَّهُ عَفُوًّا غَفُورًا ﴿٩٩﴾ ﴾

« Ceux qui ont fait du tort à eux-mêmes, les Anges enlèveront leurs âmes en leur disant : "Où en étiez-vous ?" (À propos de votre religion) - "Nous étions impuissants sur terre", répondront-ils. Alors, les Anges diront : "La terre d'Allah n'était-elle pas assez vaste pour vous permettre d'émigrer ?" Voilà bien ceux dont le refuge est l'Enfer. Et quelle mauvaise destination ! À l'exception des impuissants : hommes, femmes et enfants, incapables de voyager, et qui ne trouvent aucune

voie : À ceux-là, il se peut qu'Allah accorde le pardon. Allah est Miséricordieux et Pardonneur. »

Allah poursuit dans le ***Qur'ân*** en disant :

﴿ وَمَن يُهَاجِرْ فِي سَبِيلِ ٱللَّهِ يَجِدْ فِي ٱلْأَرْضِ مُرَٰغَمًا كَثِيرًا وَسَعَةً ۚ
وَمَن يَخْرُجْ مِنۢ بَيْتِهِۦ مُهَاجِرًا إِلَى ٱللَّهِ وَرَسُولِهِۦ ثُمَّ يُدْرِكْهُ ٱلْمَوْتُ
فَقَدْ وَقَعَ أَجْرُهُۥ عَلَى ٱللَّهِ ۗ وَكَانَ ٱللَّهُ غَفُورًا رَّحِيمًا ﴾

« Et quiconque émigre dans le sentier d'Allah trouvera sur terre maints refuges et abondances. Et quiconque sort de sa maison, émigrant vers Allah et Son messager, et que la mort atteint, sa récompense incombe à Allah. Et Allah est Pardonneur et Miséricordieux ». *[An-Nissâ ; 100]*

بِسْمِ ٱللَّهِ ٱلرَّحْمَٰنِ ٱلرَّحِيمِ

Bismillâhi r-rahmâni r-rahîm

Lorsque le prophète ﷺ s'installa à Médine, il lui fut ordonné d'accomplir les autres obligations islamiques telles que la *zakât*, le jeûne, le pèlerinage, le *jihâd*, l'appel à la prière, l'ordonnance du bien, la réprobation du mal, et de même que les autres obligations islamiques.

Il vécut ainsi dix ans puis il s'éteignit ﷺ, mais sa religion a perduré, et tel est l'Islâm, sa religion : il n'existe aucun acte de bien sans qu'il ne l'ait montré à la communauté, tout comme il n'existe aucun mal sans qu'il n'ait mis en garde la communauté contre celui-ci.

Et le bien qu'il a montré à la communauté, c'est le tawhîd (le monothéisme) de même que tout ce qu'Allah aime et agrée. Et le mal dont il a mis la communauté en garde, c'est le *shirk* (polythéisme) et tout ce qu'Allah déteste et récuse.

Allah l'a envoyé à toute l'humanité et a imposé aux Djinns et aux Hommes de Lui obéir.

La preuve à ce sujet réside dans la parole d'Allah ﷻ :

﴿ قُلْ يَٰٓأَيُّهَا ٱلنَّاسُ إِنِّى رَسُولُ ٱللَّهِ إِلَيْكُمْ جَمِيعًا ﴾

« Dis : Ô hommes ! Je suis pour vous tous le Messager d'Allah » *[Al A'râf ; 158]*

Par son biais, Allah a parachevé la religion, et la preuve à ce sujet réside dans la parole d'Allah :

﴿ ٱلْيَوْمَ أَكْمَلْتُ لَكُمْ دِينَكُمْ وَأَتْمَمْتُ عَلَيْكُمْ نِعْمَتِى وَرَضِيتُ لَكُمُ ٱلْإِسْلَٰمَ دِينًا ﴾

« Aujourd'hui, j'ai parachevé pour vous votre religion, et accompli sur vous Mon bienfait. Et j'agrée pour vous l'Islâm comme religion ». *[Al Mâ-idah ; 3]*

La preuve de sa mort ﷺ réside dans la parole d'Allah :

﴿ إِنَّكَ مَيِّتٌ وَإِنَّهُم مَّيِّتُونَ ٣٠
ثُمَّ إِنَّكُمْ يَوْمَ ٱلْقِيَٰمَةِ عِندَ رَبِّكُمْ تَخْتَصِمُونَ ٣١ ﴾

« En vérité tu mourras et ils mourront eux aussi. Ensuite, au jour de la résurrection, vous vous disputerez auprès de votre Seigneur ». *[Az-Zumar ; 30-31]*

COMMENTAIRES

L'auteur, l'imâm Mouhammad Ibn 'Abdel Wahhâb, fait allusion dans ce passage au parachèvement de la religion du vivant du messager d'Allah ﷺ, c'est-à-dire que la religion islamique fut parachevée avant qu'il ne s'éteigne ﷺ. Il s'est donc acquitté de ce dont il avait été chargé (à savoir transmettre le message prophétique) : il a rendu le dépôt, conseillé la communauté vers le bien, et combattu dans la cause d'Allah de tout son être.

Il ne fut pas appelé à rejoindre la compagnie élevée, il ne fut pas rappelé vers Allah avant que le message ne fût totalement révélé, transmis et clarifié. Il n'a laissé aucun bien sans nous l'indiquer ni aucun mal sans nous mettre en garde à son égard. Par le biais du prophète ﷺ, Allah, ﷻ a parachevé la religion et a accompli Son bienfait, comme Allah nous le dit dans le noble ***Qur'ân*** :

﴿ ٱلْيَوْمَ أَكْمَلْتُ لَكُمْ دِينَكُمْ وَأَتْمَمْتُ عَلَيْكُمْ نِعْمَتِى وَرَضِيتُ لَكُمُ ٱلْإِسْلَٰمَ دِينًا ﴾

« Aujourd'hui, j'ai parachevé pour vous votre religion, et accompli sur vous Mon bienfait. Et j'agrée pour vous l'islâm comme religion ». *[Al Mâ'idah ; 3]*

Et ceci est un bienfait de la part d'Allah ainsi qu'une grande faveur pour cette communauté ; le fait que la religion islamique soit la plus parfaite des religions, le fait que la religion islamique soit parachevée, est un immense bienfait, le fait que la religion islamique soit la plus parfaite des religions est une faveur grandiose pour la communauté musulmane. D'ailleurs, c'est pour cela que le message divin que nous a transmis notre prophète ﷺ englobe, et est destiné à tout homme et tout Djinn : tout être humain, qu'il soit homme ou femme, tout Djinn mâle ou femelle, est concerné par le message du prophète Mouhammed ﷺ.

C'est pour cela qu'Allah ﷻ nous dit dans son noble livre :

﴿ وَمَآ أَرْسَلْنَٰكَ إِلَّا كَآفَّةً لِّلنَّاسِ بَشِيرًا وَنَذِيرًا ﴾

« Et nous ne t'avons envoyé qu'en tant qu'annonciateur et avertisseur pour toute l'humanité ». *[Saba ; 28]*

Allah dit également dans son noble livre :

﴿ وَمَآ أَرْسَلْنَٰكَ إِلَّا رَحْمَةً لِّلْعَٰلَمِينَ ﴾

« Et nous ne t'avons envoyé que comme miséricorde pour l'univers ». *[Al Anbiyâ ; 107]*

Il est la clôture de la prophétie, le dernier des prophètes, comme nous le dit ﷻ dans le ***Qur'ân :***

﴿ مَّا كَانَ مُحَمَّدٌ أَبَآ أَحَدٍ مِّن رِّجَالِكُمْ وَلَٰكِن رَّسُولَ ٱللَّهِ وَخَاتَمَ ٱلنَّبِيِّـۧنَ ﴾

« Mouhammad n'a jamais été le père de l'un de vos hommes, mais le Messager d'Allah et le dernier des prophètes ».
[Al Ahzâb ; 40]

Il est le meilleur des messagers ﷺ, comme il le dit lui-même dans un hadith :

« Je suis le maître des fils d'Âdam, sans aucune vantardise. »

Malgré cela, il nous a interdit de le flatter et de le couvrir d'éloges, il nous a interdit d'exagérer à son sujet, il nous a interdit de l'élever à un rang qui n'est pas le sien ﷺ.

Par lui s'est conclu l'envoi des prophètes, la prophétie s'est achevée, et son message est destiné à tout être humain et à tout Djinn. Comme nous le dit ﷻ dans son noble livre :

﴿ قُلْ يَـٰٓأَيُّهَا ٱلنَّاسُ إِنِّى رَسُولُ ٱللَّهِ إِلَيْكُمْ جَمِيعًا ﴾

« Dis Ô hommes ! Je suis pour vous tous le Messager d'Allah ». *[Al A'râf ; 158]*

Notre Messager, notre Prophète bien aimé est le sceau de la prophétie, la clôture de la prophétie ﷺ, comme il nous le dit lui-même, dans un hadith authentique rapporté par les imâms Al Bukharî et Muslim :

« Par rapport à mes prédécesseurs les prophètes, je suis comme si quelqu'un avait construit une demeure et l'avait embellie. Seule, la place d'une brique est restée vacante. Les visiteurs, contemplant la beauté de l'édifice, dirent : "Si seulement la brique qui lui manquait était à sa place !" Eh bien, je suis cette brique ! Je suis le sceau des prophètes, nul prophète après moi ».

بِسْمِ ٱللَّهِ ٱلرَّحْمَٰنِ ٱلرَّحِيمِ

Bismillâhi r-rahmâni r-rahîm

Après leur mort, les gens seront ressuscités, la preuve à ce sujet réside dans la parole d'Allah :

﴿ مِنْهَا خَلَقْنَٰكُمْ وَفِيهَا نُعِيدُكُمْ وَمِنْهَا نُخْرِجُكُمْ تَارَةً أُخْرَىٰ ﴾

« C'est d'elle que nous vous avons créés, et en elle nous vous ferons retourner, et d'elle nous vous ferons sortir une fois encore ». *[TaHa ; 55]*

Allah dit également :

﴿ وَٱللَّهُ أَنۢبَتَكُم مِّنَ ٱلْأَرْضِ نَبَاتًا ﴿١٧﴾ ثُمَّ يُعِيدُكُمْ فِيهَا وَيُخْرِجُكُمْ إِخْرَاجًا ﴿١٨﴾ ﴾

« Et c'est Allah qui, de la terre, vous a fait croître comme des plantes, puis il vous y fera retourner et vous en fera sortir véritablement ». *[Nûh ; 17-18]*

Après la résurrection, les gens seront jugés et rétribués pour leurs actes. La preuve à ce sujet réside dans la parole d'Allah :

﴿ لِيَجْزِىَ ٱلَّذِينَ أَسَٰٓـُٔوا۟ بِمَا عَمِلُوا۟ وَيَجْزِىَ ٱلَّذِينَ أَحْسَنُوا۟ بِٱلْحُسْنَى ﴾

«...Afin qu'Il rétribue ceux qui font le mal selon ce qu'ils œuvrent, et récompense ceux qui font le bien par la meilleure récompense ». *[An-Nadjm ; 31]*

Quiconque renie la résurrection devient mécréant, la preuve à ce sujet réside dans la parole d'Allah :

﴿ زَعَمَ ٱلَّذِينَ كَفَرُوٓاْ أَن لَّن يُبۡعَثُواْۚ قُلۡ بَلَىٰ وَرَبِّي لَتُبۡعَثُنَّ ثُمَّ لَتُنَبَّؤُنَّ بِمَا عَمِلۡتُمۡۚ وَذَٰلِكَ عَلَى ٱللَّهِ يَسِيرٞ ﴾

« Ceux qui ont mécru prétendent qu'ils ne seront point ressuscités. Dis : « Mais si ! Par mon Seigneur ! Vous serez certes ressuscités ; puis, vous serez informés de ce que vous faisiez. Et cela est facile pour Allah ». *[At-Taghâbun ; 7]*

COMMENTAIRES

« L'auteur aborde ici le sujet de la résurrection qui comporte plusieurs points : tout d'abord, la foi au jour dernier ; la résurrection est un des six piliers de la foi. La résurrection, c'est le retour des corps et des âmes après la mort ; le retour des âmes dans les corps qui reprennent vie tels qu'ils étaient avant la mort. Concernant ces corps, il se peut qu'Allah Le Tout Puissant accroisse ou augmente ce qu'il veut. Il a été authentifié, d'ailleurs, que les croyants, au jour de la résurrection seront ressuscités, mesurant la taille de leur père Âdam ﷺ, qui mesurait près de soixante coudées (plus ou moins équivalent à trente mètres). Quant aux mécréants, il a été rapporté dans plusieurs Hadiths que : leur molaire serait semblable au mont Ohod (c'est-à-dire que leurs corps seront gigantesques), et ceci, pour qu'ils endurent le châtiment, *wal 'iyâdhu billah*. Il a été rapporté également que l'épaisseur de leurs peaux sera également assez importante, comme nous dit Allah dans le ***Qur'ân*** :

﴿ كُلَّمَا نَضِجَتۡ جُلُودُهُم بَدَّلۡنَٰهُمۡ جُلُودًا غَيۡرَهَا لِيَذُوقُواْ ٱلۡعَذَابَۗ إِنَّ ٱللَّهَ كَانَ عَزِيزًا حَكِيمًا ﴾

« Chaque fois que leurs peaux auront été consumées, Nous les remplacerons par de nouvelles peaux en échange, afin qu'ils goutent au châtiment ». *[An-Nisâ ; 56]*

(Qu'Allah nous en préserve !)

La résurrection concerne ainsi les corps et les âmes, comme cela est connu dans le crédo, dans le dogme des gens de la Sunnah et du consensus (*ahlu s-sunnah wal jamâ'ah*).Ce n'est pas comme disent les philosophes : la résurrection des âmes seules, ni la résurrection dans de nouveaux corps, comme le prétendent un grand nombre de ceux qui s'opposent ou qui dévient de la voie du messager d'Allah ﷺ. Il fait partie de la croyance des gens de la Sunnah et du consensus de croire fermement que la résurrection concerne les âmes et les corps conjointement, et c'est ceci qui est déduit des textes de la législation islamique (le Qur'ân et la Sunnah). Ainsi, Allah redonnera vie aux corps, ces mêmes corps qu'Il avait créés du néant. Refaire vivre ces corps après leur mort est plus aisé que de les créer du néant, comme Il nous dit dans Son noble Livre :

﴿ وَهُوَ ٱلَّذِى يَبْدَؤُا۟ ٱلْخَلْقَ ثُمَّ يُعِيدُهُۥ وَهُوَ أَهْوَنُ عَلَيْهِ ﴾

« C'est Lui qui commence la création puis la refait ; et cela Lui est plus facile ». *[Ar-Rûm ; 27]*

Il nous dit également :

﴿ مِنْهَا خَلَقْنَٰكُمْ وَفِيهَا نُعِيدُكُمْ وَمِنْهَا نُخْرِجُكُمْ تَارَةً أُخْرَىٰ ﴾

« C'est d'elle que nous vous avons créés, et en elle nous vous ferons retourner, et d'elle nous vous ferons sortir une fois encore ». *[TaHa ; 55]*

Les preuves textuelles de la résurrection tirées du Qur'ân et de la Sunnah sont très nombreuses et abondantes. Aussi, il n'est pas nécessaire de développer outre mesure. Cependant, Allah a mis l'accent sur ce sujet dans le Qur'ân, car même avant le début de la mission prophétique, un grand nombre de gens rejetaient et reniaient la résurrection, c'est pour cela qu'Allah leur a répondu en argumentant par les versets universels qui prouvent Sa toute-puissance, qui prouve elle-même que son pouvoir ne connait aucune limite, afin qu'ils soient une preuve argumentative claire quant à sa capacité de ressusciter, de faire revivre les morts. Ainsi, celui qui a créé cet univers et tout ce qu'il contient sans aide, ni assistant, ni soutien, est certes capable de faire revivre les morts.

Comme Allah Le Tout Puissant nous dit dans le ***Qur'ân*** :

﴿ أَيَحْسَبُ ٱلْإِنسَـٰنُ أَن يُتْرَكَ سُدًى ﴿٣٦﴾ أَلَمْ يَكُ نُطْفَةً مِّن مَّنِىٍّ يُمْنَىٰ ﴿٣٧﴾
ثُمَّ كَانَ عَلَقَةً فَخَلَقَ فَسَوَّىٰ ﴿٣٨﴾ فَجَعَلَ مِنْهُ ٱلزَّوْجَيْنِ ٱلذَّكَرَ وَٱلْأُنثَىٰٓ ﴿٣٩﴾
أَلَيْسَ ذَٰلِكَ بِقَـٰدِرٍ عَلَىٰٓ أَن يُحْـِۧىَ ٱلْمَوْتَىٰ ﴿٤٠﴾ ﴾

« L'homme pense-t-il qu'on le laissera sans obligations à observer ?! N'était-il pas une goutte de sperme éjaculé ? Et ensuite une adhérence, puis Allah l'a créée et formée harmonieusement ; puis en a fait alors les deux éléments de couple : le mâle et la femelle, celui-là (Allah) n'est-il pas capable de faire revivre les morts ? » *[Al-Qiyâmah ; 36-40]*

Également, quand Il dit dans la sourate *Yâsin* (traduction rapprochée du sens des versets) :

﴿ أَوَلَمْ يَرَ ٱلْإِنسَـٰنُ أَنَّا خَلَقْنَـٰهُ مِن نُّطْفَةٍ فَإِذَا هُوَ خَصِيمٌ مُّبِينٌ ﴿٧٧﴾
وَضَرَبَ لَنَا مَثَلًا وَنَسِىَ خَلْقَهُۥ ۖ قَالَ مَن يُحْىِ ٱلْعِظَـٰمَ وَهِىَ رَمِيمٌ ﴿٧٨﴾
قُلْ يُحْيِيهَا ٱلَّذِىٓ أَنشَأَهَآ أَوَّلَ مَرَّةٍ ۖ وَهُوَ بِكُلِّ خَلْقٍ عَلِيمٌ ﴿٧٩﴾ ٱلَّذِى جَعَلَ لَكُم
مِّنَ ٱلشَّجَرِ ٱلْأَخْضَرِ نَارًا فَإِذَآ أَنتُم مِّنْهُ تُوقِدُونَ ﴿٨٠﴾ أَوَلَيْسَ ٱلَّذِى خَلَقَ
ٱلسَّمَـٰوَٰتِ وَٱلْأَرْضَ بِقَـٰدِرٍ عَلَىٰٓ أَن يَخْلُقَ مِثْلَهُم ۚ بَلَىٰ وَهُوَ ٱلْخَلَّـٰقُ ٱلْعَلِيمُ ﴿٨١﴾

إِنَّمَآ أَمۡرُهُۥٓ إِذَآ أَرَادَ شَيۡـًٔا أَن يَقُولَ لَهُۥ كُن فَيَكُونُ ﴿٨٢﴾ فَسُبۡحَٰنَ ٱلَّذِي بِيَدِهِۦ
مَلَكُوتُ كُلِّ شَيۡءٖ وَإِلَيۡهِ تُرۡجَعُونَ ﴿٨٣﴾ ﴾

« L'homme ne voit-il pas que nous l'avons créé d'une goutte de sperme ? Et le voilà devenu un adversaire déclaré ! Il cite pour nous un exemple, tandis qu'il oublie sa propre création ; il dit : « Qui redonnera la vie à des ossements une fois réduits en poussière ? » Dis : « Celui qui les a créés une première fois, leur redonnera la vie. Il est parfaitement Connaisseur pour toute création. C'est Lui, qui de l'arbre vert, a fait pour vous du feu, et voilà que de cela vous allumez des feux. Celui qui a créé les cieux et la terre ne sera-t-Il pas capable de créer leur pareil ? Oh que si ! Et Il est le Grand Créateur, l'Omniscient. Quand Il veut une chose, Son commandement consiste à dire : « Sois ! » Et c'est. Louanges donc, à Celui qui détient en Sa main la royauté sur toute chose ! Et c'est vers Lui que vous serez ramenés ».

[Yâsin ; 77-83]

Et les versets qui vont dans ce sens sont très nombreux.

Après la résurrection, les gens seront jugés et rétribués comme nous le dit Allah ﷻ :

﴿ لِيَجۡزِيَ ٱلَّذِينَ أَسَٰٓـُٔواْ بِمَا عَمِلُواْ وَيَجۡزِيَ ٱلَّذِينَ أَحۡسَنُواْ بِٱلۡحُسۡنَى ﴾

«...Afin qu'Il rétribue ceux qui font le mal selon ce qu'ils œuvrent, et récompense ceux qui font le bien par la meilleure récompense ». *[An-Nadjm ; 31]*

Allah nous dit également :

﴿ فَأَمَّا مَنۡ أُوتِيَ كِتَٰبَهُۥ بِيَمِينِهِۦ ﴿٧﴾ فَسَوۡفَ يُحَاسَبُ حِسَابٗا يَسِيرٗا ﴿٨﴾ وَيَنقَلِبُ
إِلَىٰٓ أَهۡلِهِۦ مَسۡرُورٗا ﴿٩﴾ وَأَمَّا مَنۡ أُوتِيَ كِتَٰبَهُۥ وَرَآءَ ظَهۡرِهِۦ ﴿١٠﴾ فَسَوۡفَ يَدۡعُواْ ثُبُورٗا

﴿ وَيَصۡلَىٰ سَعِيرًا ۝١١ إِنَّهُۥ كَانَ فِيٓ أَهۡلِهِۦ مَسۡرُورًا ۝١٢ إِنَّهُۥ ظَنَّ أَن لَّن يَحُورَ ۝١٣ بَلَىٰٓۚ إِنَّ رَبَّهُۥ كَانَ بِهِۦ بَصِيرًا ۝١٤ ﴾

« Celui qui recevra son livre en sa main droite, sera soumis à un jugement facile et retournera réjoui auprès de sa famille, quant à celui qui recevra son livre derrière son dos, il invoquera la destruction sur lui-même et il brulera dans un feu ardent, car il était tout joyeux parmi les siens et il pensait que jamais il ne ressusciterait, mais si ! Son Seigneur l'observait parfaitement ». *[Al Inshiqâq ; 7-15]*

Ainsi, le jugement et la rétribution ont été affirmés et confirmés dans notre législation, c'est un point fermement établi, et le jugement est de deux sortes :

- L'exposition des œuvres,

- Ou la confrontation.

L'exposition des œuvres : c'est un rappel de ce que l'homme (ou la femme) aura fait dans sa vie, comme cela a été rapporté dans un hadith authentique ; Allah dira à son serviteur ou à sa servante :

« Tel et tel jour, tu as fait ceci et cela, je te les avais cachés (aux yeux des gens) dans cette vie d'ici-bas, et aujourd'hui je te les pardonne ».

Ainsi, Allah dit dans le ***Qur'ân*** :

« Celui qui recevra son livre en sa main droite sera soumis à un jugement facile ».

'Âïsha a cherché à comprendre la parole d'Allah et la parole du prophète ﷺ quand il dit :

« Quiconque se verra demander des comptes périra »,

Ou dans une autre version du hadith :

« Quiconque se verra demander des comptes subira le châtiment »

Le prophète ﷺ lui a répondu :

« Il s'agit de l'exposition des œuvres ».

C'est-à-dire que ses actions lui seront présentées. Celui à qui on exposera ses actions, ses œuvres, celui-là sera soumis à un jugement facile.

Quant à celui à qui on demandera des comptes, celui qui sera confronté à ses actions, celui-là sera perdu, et la confrontation c'est le fait qu'on lui demande : « pourquoi as-tu fait ceci ?! Pourquoi as-tu fait cela ?! Pourquoi as-tu commis telle et telle chose ?! »

(Qu'Allah Le Tout Puissant nous préserve de cela).

Quant à celui à qui on exposera ses actions, c'est celui ou celle à qui Allah le Tout Puissant dira :

« Tel et tel jour tu as fait ceci et cela, je te les avais cachés (aux yeux des gens) dans cette vie d'ici-bas et aujourd'hui je te les pardonne. »

Et ceci sera un bienfait d'Allah pour ceux qui seront soumis à ce type de jugement.

Ainsi, le jugement est de deux sortes, comme nous l'avons vu, et il y a une très nette différence entre les deux ! Celui qui sera soumis à un jugement de confrontation, son issue sera la perdition et la destruction, l'avilissement et le désastre, *wal 'iyâdhu billah*. (Qu'Allah nous en préserve !)

Quant à celui qui sera soumis à un jugement facile, c'est celui à qui on exposera les actions comme nous l'avons vu : ses actions lui seront présentées afin qu'il prenne conscience du bienfait d'Allah à son égard, afin qu'il se souvienne de la grande faveur et de la bienfaisance d'Allah envers lui. Comme nous le dit Allah dans la sourate « Al Inshiqâq », ainsi que dans plusieurs autres sourates, comme dans la sourate « Al Hâqqah », quand Allah nous dit :

﴿ فَأَمَّا مَنْ أُوتِيَ كِتَٰبَهُۥ بِيَمِينِهِۦ فَيَقُولُ هَآؤُمُ ٱقْرَءُوا۟ كِتَٰبِيَهْ ﴿١٩﴾ إِنِّى ظَنَنتُ أَنِّى
مُلَٰقٍ حِسَابِيَهْ ﴿٢٠﴾ فَهُوَ فِى عِيشَةٍ رَّاضِيَةٍ ﴿٢١﴾ فِى جَنَّةٍ عَالِيَةٍ ﴿٢٢﴾ قُطُوفُهَا دَانِيَةٌ
﴿٢٣﴾ كُلُوا۟ وَٱشْرَبُوا۟ هَنِيٓـًٔۢا بِمَآ أَسْلَفْتُمْ فِى ٱلْأَيَّامِ ٱلْخَالِيَةِ ﴿٢٤﴾ ﴾

« Quant à celui à qui on aura remis le livre en sa main droite, il dira : « Tenez ! Lisez mon livre ! J'étais sûr d'y trouver mon compte ! » Il jouira d'une vie agréable dans un jardin haut placé, dont les fruits sont à portée de main, mangez et buvez agréablement pour ce que vous avez avancé dans les jours passés ». *[Al Hâqqah ; 19-24]*

Puis, après cela, il y aura d'autres évènements que l'auteur n'a pas cités, mais qui sont en rapport avec la résurrection, tel que le bassin du prophète ﷺ, de même que le *Sirât* (le pont), et les balances… Toutes ces choses, il nous est obligatoire d'y croire fermement.

Quant au bassin, il s'agit du bassin du Messager d'Allah ﷺ, dont la longueur est égale à un mois de cheminement, ses coupes sont aussi nombreuses que les étoiles dans le ciel, son eau est plus blanche que le lait plus fraiche que la neige et plus sucrée que le miel. Quiconque en boira une fois, sera désaltéré à tout jamais ! Il n'aura plus jamais soif (et nous demandons à Allah qu'il nous place, ainsi que vous-même, parmi ceux qui boiront de cette eau).

Les gens viendront au bassin, voulant boire, et ils se bousculeront. On verra sur leurs membres les traces des ablutions, et d'autres seront repoussés et chassés, comme on repousse le chameau assoiffé (ou dans une autre version comme on repousse le chameau étranger au troupeau).

Dans une autre version également, le prophète ﷺ a dit :

« Je vous aurais devancé au bassin, et on en écartera des gens, je m'écrierais : « Ô Seigneur ! Ils sont de ma communauté ! »

Et dans une autre version du hadith, on trouve :

« Ô Seigneur ! Ce sont mes compagnons ! » Il sera dit : « Certes non ! Ils ne sont pas de ta communauté, tu ne sais pas ce qu'ils ont innové après toi ! Ils ont fait des changements et des remplacements dans la religion »

alors le prophète ﷺ s'écriera :

« Écartez et repoussez quiconque aura commis des changements et des remplacements (dans la religion) ! »

Les *Rawâfid* (les chiites) disent que ces hadiths concernent les compagnons du messager d'Allah ! Ils se servent de ces hadiths pour dire que les compagnons du messager d'Allah sont devenus apostats ! Qu'ils ont renié l'Islâm ! (Qu'Allah détruise ces gens !) En vérité, ces paroles qu'ils prononcent se retournent contre eux ! Car ce sont eux les apostats ! Ce sont eux qui ont renié les compagnons du messager d'Allah ﷺ.

Quiconque jette le *takfîr* (fait de rendre mécréant) sur les Sahâbah, et bien cette accusation se retourne contre lui ! Quiconque prétend que les compagnons sont devenus mécréants, c'est lui le mécréant ! Quiconque accuse les compagnons d'apostasie, c'est lui l'apostat ! Quiconque les insulte, c'est lui qui mérite d'être insulté en vérité ! Et quiconque leur porte atteinte, il est obligatoire de lui porter atteinte !

Ce sont les compagnons du Messager d'Allah ﷺ ! Au sujet desquels il a dit :

« N'insultez pas mes compagnons ! Car si l'un d'entre vous donnait en aumône l'équivalent du mont Ohod en or, cette aumône ne vaudrait pas une simple poignée d'or donnée en aumône par l'un de mes compagnons, ni même la moitié ».

C'est-à-dire : si un musulman donnait l'équivalent d'une montagne en or en aumône, et qu'un des compagnons du prophète n'en donnait qu'une poignée ou la moitié d'une poignée, l'aumône du compagnon l'emporterait, tant ils étaient dévoués à Allah, tant ils étaient nobles d'esprit et tant leurs cœurs étaient purs.

En vérité, concernant ceux qui seront expulsés et rejetés du bassin, il s'agit des innovateurs, les gens des péchés et ceux qui auront transgressé les lois d'Allah dans la recherche des plaisirs terrestres.

Ainsi, que s'empresse vers le bien celui ou celle qui veut accéder au bassin du prophète ﷺ et boire de son eau, et qu'il prenne garde de tomber dans les innovations, qu'il prenne garde de commettre des désobéissances. Car le prophète ﷺ s'écriera ce jour-là :

« Écartez et repoussez quiconque aura commis des changements et des remplacements (dans la religion) ».

C'est-à-dire les innovateurs et ceux qui auront inventé ou remplacé dans la religion d'Allah. Aussi, il nous incombe d'être vigilant sur ce point, car c'est un bien, et parce qu'avoir foi dans le bassin du messager d'Allah ﷺ nous incombe d'œuvrer pour ce jour où le besoin d'eau sera pressant, c'est-à-dire au jour du jugement dernier.

Ce jour où les gens qui occupaient de hauts rangs sociaux par leur noblesse ne bénéficieront d'aucuns privilèges, ce jour-là ! En ce lieu terrible où *« ni la richesse, ni les enfants, ne seront d'aucune utilité, sauf celui qui viendra à Allah le cœur sain »*...Quand seront éparpillés, déployés les feuillets sur lesquels sont noté les actions, quand les gens recevront leur livre de la main droite ou de la main gauche, quand seront pesées les actions…

Il a été rapporté dans certains récits que la personne sera pesée également avec ses actes, mais en vérité, seuls les actes seront pesés sur la balance, et ce qui est voulu c'est la pesée des actes par lesquels la personne a cherché à se rapprocher d'Allah Le Tout Puissant.

Comme nous dit Allah dans le ***Qur'ân :***

﴿ فَأَمَّا مَن ثَقُلَتْ مَوَٰزِينُهُۥ ۝٦ فَهُوَ فِى عِيشَةٍ رَّاضِيَةٍ ۝٧ وَأَمَّا مَنْ خَفَّتْ مَوَٰزِينُهُۥ ۝٨ فَأُمُّهُۥ هَاوِيَةٌ ۝٩ وَمَآ أَدْرَىٰكَ مَا هِيَهْ ۝١٠ نَارٌ حَامِيَةٌۢ ۝١١ ﴾

« Quant à celui dont la balance sera lourde, il sera dans une vie agréable ; et quant à celui dont la balance sera légère, sa destination sera un abîme très profond, et qui te dira ce que c'est ? C'est un feu ardent ». *[Al Qâri'ah ; 6-11]*

La balance est vérité, ce n'est pas une simple métaphore, elle possède deux plateaux et une langue, elle existe bel et bien, sauf que nul ne connait son apparence, sa description, sa nature, excepté Allah Le Tout Puissant, qui disposera la balance de justice.

Certains beaux parleurs et philosophes disent que c'est juste une métaphore, une image... Et que ce qui est voulu par la balance : c'est la récompense pour les bonnes actions et le châtiment pour les mauvaises, et qu'il n'y aura aucune balance en vérité, comme le disent les Mu'tazilah. Pourtant, il y aura bel et bien une balance véritable, concrète ! Mais seul Allah connait sa nature profonde, son essence, sa forme, et sa description. Allah Seul connait ces choses-là.

Puis en conclusion, l'auteur, le shaykh Muhammad Ibn 'Abdel Wahhâb a abordé le statut de celui qui ne croit pas au Jour Dernier où il nous a informés qu'une telle personne est mécréante, comme nous le dit Allah dans le ***Qur'ân*** :

﴿ زَعَمَ ٱلَّذِينَ كَفَرُوٓاْ أَن لَّن يُبۡعَثُواْۚ قُلۡ بَلَىٰ وَرَبِّي لَتُبۡعَثُنَّ ثُمَّ لَتُنَبَّؤُنَّ بِمَا عَمِلۡتُمۡۚ وَذَٰلِكَ عَلَى ٱللَّهِ يَسِيرٞ ﴾

« Ceux qui ont mécru prétendent qu'ils ne seront pas ressuscités. Dis : « Mais si, par mon Seigneur ! Vous serez très certainement ressuscités ; puis on vous informera de ce que vous faisiez ». Et cela est facile pour Allah ».

[At-Taghâbun ; 7]

بِسْمِ ٱللَّهِ ٱلرَّحْمَٰنِ ٱلرَّحِيمِ

Bismillâhi r-rahmâni r-rahîm

L'auteur, le cheikh Muhammad Ibn 'Abd Al Wahhab ﷵ, nous dit, dans le dernier passage de son ouvrage « ***Al-Ussûl-ath-Thalâthah*** » (les trois fondements) :

« Allah a envoyé tous les messagers en tant qu'annonciateurs et avertisseurs ».

La preuve réside dans la parole d'Allah :

﴿ رُّسُلًا مُّبَشِّرِينَ وَمُنذِرِينَ لِئَلَّا يَكُونَ لِلنَّاسِ عَلَى ٱللَّهِ حُجَّةٌۢ بَعْدَ ٱلرُّسُلِ ﴾

« Des Messagers annonciateurs et avertisseurs afin qu'après la venue des messagers, il n'y ait pour les gens aucun argument devant Allah ». *[An-Nissâ ; 165]*

Et le premier d'entre eux est Nûh ﷺ, le prophète Noé. Le dernier d'entre eux est Muhammad ﷺ.

La preuve indiquant que Nûh est le premier des messagers réside dans la parole d'Allah :

﴿ إِنَّآ أَوْحَيْنَآ إِلَيْكَ كَمَآ أَوْحَيْنَآ إِلَىٰ نُوحٍ وَٱلنَّبِيِّـۧنَ مِنۢ بَعْدِهِۦ ﴾

« Nous t'avons fait une révélation comme nous le fîmes à Noé et aux prophètes qui vinrent après lui ». *[An-Nissâ ; 163]*

Allah a envoyé un messager à chaque communauté, depuis Nûh jusqu'à Muhammad ﷺ pour leur ordonner d'adorer Allah exclusivement et leur interdire d'adorer le ***Tâghût***.

La preuve à ce sujet réside dans la parole d'Allah :

﴿ وَلَقَدْ بَعَثْنَا فِي كُلِّ أُمَّةٍ رَّسُولًا أَنِ ٱعْبُدُوا۟ ٱللَّهَ وَٱجْتَنِبُوا۟ ٱلطَّٰغُوتَ ﴾

« Nous avons certes envoyé dans chaque communauté un messager pour leur dire : Adorez donc Allah et écartez-vous du Tâghût. ». *[An-Nahl ; 36]*

Allah a imposé à tous les serviteurs de renier le ***Tâghût***, et de croire en Allah.

Comme le dit l'imâm Ibn Al Qayyim ﵀, concernant la définition du ***Tâghût :***

« Le Tâghût est toute chose par laquelle le serviteur outrepasse ses limites, qu'il s'agisse d'un être adoré, suivi, ou obéit. »

Et les « ***Tawâghît*** » (qui est le pluriel du mot ***Tâghût***) sont nombreux, mais leurs meneurs sont au nombre de cinq :

1. Iblîs (qu'Allah le maudisse) ;
2. Celui qui est satisfait de l'adoration qu'on lui voue ;
3. Celui qui appelle les gens à lui vouer une adoration ;
4. Celui qui prétend connaître une partie de la science de l'inconnaissable ;
5. Celui qui juge par autre que ce qu'Allah a révélé.

La preuve à ce sujet est la parole d'Allah :

﴿ لَآ إِكْرَاهَ فِي ٱلدِّينِ ۖ قَد تَّبَيَّنَ ٱلرُّشْدُ مِنَ ٱلْغَيِّ ۚ فَمَن يَكْفُرْ بِٱلطَّٰغُوتِ وَيُؤْمِنۢ بِٱللَّهِ فَقَدِ ٱسْتَمْسَكَ بِٱلْعُرْوَةِ ٱلْوُثْقَىٰ لَا ٱنفِصَامَ لَهَا ۗ وَٱللَّهُ سَمِيعٌ عَلِيمٌ ﴾

« Nulle contrainte en religion, car le bon chemin s'est distingué de l'égarement. Donc, quiconque renie le Tâghût tandis qu'il croit en Allah, a certes saisi l'anse la plus solide,

qui ne peut se briser, et Allah est Audiant et Omniscient ».
[Al-Baqarah ; 256]

Telle est le sens de l'attestation de foi : لا إله إلا الله (*Lâ ilâha illâ Allah*) :

« Nulle divinité n'est digne d'adoration en dehors d'Allah ».

On trouve dans la Sunnah, le hadith suivant :

« La chose la plus capitale est l'Islâm, son pilier est la prière, et son degré le plus élevé est le combat sur le sentier d'Allah ».

Et Allah est le plus Savant.

وَصَلَّى اللهُ وَسَلَّمَ عَلَى مُحَمَّدٍ وَعَلَى أَهْلِهِ وَآلِهِ أَجْمَعِين

Et donc, l'auteur conclut ainsi son ouvrage des trois fondements.

COMMENTAIRES

L'auteur a cité dans ce passage le nom du premier messager, qui est Nûh (le prophète Noé).

Et l'auteur a cité la preuve de ceci, qui réside dans la parole d'Allah :

﴿ إِنَّآ أَوۡحَيۡنَآ إِلَيۡكَ كَمَآ أَوۡحَيۡنَآ إِلَىٰ نُوحٖ وَٱلنَّبِيِّـۧنَ مِنۢ بَعۡدِهِۦ ﴾

« Nous t'avons fait une révélation comme nous le fîmes à Noé et aux prophètes qui vinrent après lui ».

On trouve également dans la Sunnah la preuve de ceci, à savoir qu'au jour de la résurrection, les gens se rendront auprès des Messagers ﷺ.

Ils iront de Messager en Messager, à la recherche d'une personne qui pourra intercéder en leur faveur auprès d'Allah. Ainsi, ils se rendront auprès d'Âdam ﷺ, le père de l'humanité, qui s'excusera de ne pas pouvoir intercéder pour eux, et qui leur dira de se rendre auprès auprès de Noé. Ils s'adresseront à Noé en lui disant :

« Ô Noé ! Tu es le premier des messagers qu'Allah a envoyé aux habitants de la terre, invoque donc Ton Seigneur (Allah) pour nous afin qu'Il nous sorte de l'état dans lequel nous nous trouvons ! ». Et Noé s'excusera de ne pas pouvoir le faire, et il les enverra vers Ibrâhîm عليه السلام*, qui à son tour, les enverra vers Mûssâ* عليه السلام*, qui à son tour les enverra vers 'Îssâ* عليه السلام*. Puis, ils iront vers le Prophète Muhammad* ﷺ *qui leur dira : « c'est moi qui m'en charge. C'est moi qui m'en charge. »*

Ainsi, le prophète Noé est le premier des messagers et le prophète Muhammad est le dernier, et le meilleur des messagers.

Puis, l'auteur, le cheikh Muhammed Ibn 'Abd Al Wahhâb رحمه الله, a abordé, en guise de complément, un éclaircissement au sujet des ***Tawâghît***, qui est le pluriel du mot « ***Tâghût*** ». Tout d'abord, il est important de noter que l'appel des messagers est identique. Ce vers quoi tous les messagers qu'Allah a envoyés au fil des siècles, leur message est unique et identique.

Comme nous le dit Allah Le Tout-Puissant, dans Son Noble Livre :

﴿ وَلَقَدْ بَعَثْنَا فِي كُلِّ أُمَّةٍ رَّسُولًا أَنِ اعْبُدُوا اللَّهَ وَاجْتَنِبُوا الطَّاغُوتَ ﴾

« Et nous avons certes envoyé dans chaque communauté un messager pour leur dire : Adorez donc Allah et écartez-vous du Tâghût ».

Le terme ***Tâghût*** est un mot général désignant toute chose par laquelle le serviteur outrepasse ses limites. Le terme ***Tâghût*** est un nom général désignant toute chose par laquelle le serviteur outrepasse ses limites, qu'il s'agisse d'un être adoré, suivi, ou obéi.

L'imâm Mâlek رحمه الله a dit :

*« Le **Tâghût** est toute chose qui est adorée à la place d'Allah ».*

Il a été rapporté que 'Omar Ibn Al Khattab ﵁, le célèbre compagnon du Prophète ﷺ a dit :

*« Le **Tâghût** c'est **Shaytân** (c'est Satan) ».*

Cependant cette spécification ne doit pas nous perturber ».

Le ***Tâghût*** est un mot général désignant toute chose adorée en dehors d'Allah. Toute chose adorée en dehors d'Allah on lui rattache le terme de « ***Tâghût*** », qu'il soit satisfait ou non de cette adoration.

Cependant il est important de spécifier, comme nous le dit le cheikh Sâlih Al Fawzân par exemple et d'autres grands savants qui disent que les prophètes, les pieux, les véridiques, qui sont adorés à la place d'Allah, on ne doit pas les appeler « ***Tâghût*** », de même que les anges, également, car, de leur vivant, ces prophètes, ces pieux, et ces véridiques ont renié et ont combattu ce genre de choses. Ils n'auraient jamais accepté qu'on leur destine le moindre acte d'adoration ; ils n'auraient jamais accepté qu'on les invoque, ils n'auraient jamais accepté qu'on sacrifie pour eux, une poule ou un mouton ou quoique ce soit, ils n'auraient jamais accepté que l'on tourne autour de leurs tombes, etc. Ils n'auraient jamais accepté qu'on destine un acte d'adoration pour eux.

Donc, en vertu de cela, les savants ont montré que les prophètes, les pieux, et les véridiques, on ne doit pas les appeler « ***Tâghût*** ».

Par contre, les gens qui leur vouent un culte, eux, sont des polythéistes, des associateurs.

Concernant le terme « ***Tâghût*** », il découle du terme « ***Taghâ*** », qui signifie : déborder, dépasser la mesure.

Comme quand Allah nous dit dans le Qur'ân :

﴿ لَمَّا طَغَا ٱلْمَآءُ ﴾

*« **Quand l'eau déborda** ». [Al-Hâqqah ; 11]*

les ***Tawâghît*** sont très nombreux (qu'Allah n'augmente pas leur nombre), et à leur tête se trouvent cinq meneurs, parmi eux : Iblîs (qu'Allah le maudisse), Satan, qui est leur leader, leur guide à tous, comme a dit 'Omar Ibn Al Khattâb :

*« Le **Taghût** c'est **Shaytâne,** Iblîs »,* لعنة الله عليه (qu'Allah le maudisse), c'est lui le leader, le meneur des ***Tawâghît***.

Parmi les têtes des ***Tawâghît***, on trouve également : quiconque prétend détenir une science de l'inconnaissable, tels que les sorciers, les diseurs de bonne aventure, les voyants, les astrologues, les magiciens, les ensorceleurs, etc. Quiconque prétend détenir une science de l'invisible fait partie des meneurs des ***Tawâghît***, des têtes de ces derniers.

Le Prophète Muhammad ﷺ a dit, dans un hadith authentique :

> ***« Quiconque se rend auprès d'un magicien ou d'un voyant puis le questionne sur un sujet et croit en ce qu'il lui dit, il aura certes mécru en ce qui a été révélé à Muhammad ﷺ ».***

C'est-à-dire que cette personne aura commis un acte de grande mécréance.

Parmi les meneurs (les têtes) des ***Tawâghît*** également : quiconque appelle les gens à sa propre adoration, quiconque appelle les gens à ce qu'ils lui vouent un culte, ou à ce qu'ils lui destinent des actes d'adoration.

Comme nous ***Tâghût*** qui avait dit à ses disciples : « quand vous vous trouvez dans un souci, une inquiétude, quand vous êtes touchés par le chagrin, le désespoir, appelez-moi et je viendrai à vous en un instant ! ».

En réalité, qui est Celui que l'on doit appeler quand on est touché par le désespoir, par le chagrin ? Vers qui devons-nous

nous tourner ? C'est Allah bien sûr ! Allah Seul ! C'est pour cela qu'Ibrâhîm, le prophète Abraham ﷺ, a dit :

﴿ وَإِذَا مَرِضْتُ فَهُوَ يَشْفِينِ ﴾

« Et quand je suis malade, c'est Lui qui me guérit ».
[Ash-Shu'arâ ; 80]

[En parlant d'Allah ﷻ, on trouve cette parole dans le Qur'ân.]

Ainsi, Allah, c'est Lui qui accorde la guérison, et c'est Lui qui décrète qu'un mal te touche ou qu'une épreuve te touche. C'est Lui qui accorde les bienfaits et les faveurs.

Quiconque s'érige en tant que divinité, quiconque prétend mériter l'adoration n'est pas simplement un ***Tâghut,*** mais fait partie des têtes, des meneurs des ***Tawâghit***, de leurs leaders.

Comme cet homme, du Sénégal, un certain Ibrâhîm Ilyes, qui prétendait détenir entre ses mains l'entrée du Paradis, et prétendait pouvoir accorder aux êtres l'entrée du Paradis sans même qu'ils aient de comptes à rendre ! Ce personnage a dit également : « certes, j'ai été distingué par la science et l'honneur, et si je dis à une chose d'être, elle est immédiatement » !!!

Que reste-t-il, nous dit le cheikh, de l'Islâm d'une telle personne ? Que reste-t-il de l'Islâm de ces gens dont les prétentions sont fausses, perverties, dangereuses ? Et ces prétentions les font sortir de l'Islâm ! Ces prétentions fausses, perverties, n'ont pour conséquence que la perdition, le désastre, la mauvaise fin, et qu'Allah nous en préserve !

Qu'Allah nous préserve de finir ainsi. Ainsi, ces personnes qui appellent les gens à leur vouer un culte sont parmi les pires des ***Tawâghît***.

Parmi les têtes de ***Tawâghît*** également : quiconque se satisfait qu'on lui voue un culte ; quiconque est satisfait qu'on s'accroche à lui en dehors d'Allah, et celui qui se satisfait de cela, celui qui se satisfait qu'on l'adore à la place d'Allah, une telle personne est semblable à celui qui appelle à ce qu'on l'adore ! Il est également parmi les meneurs et les têtes des ***Tawâghît***, qui sont adorés en dehors d'Allah. Ces ***Tawâghît*** qui ont subjugué les gens, ont pris possession d'eux, et quand ils se présentent à eux, tu vois les gens prendre une mine soumise, compatissante devant eux ; ils tombent à genoux, ils rampent devant eux ! والعياذ بالله

Aussi, parmi les têtes des ***Tawâghît*** également : quiconque est satisfait qu'on lui voue un culte.

Et enfin, parmi les têtes des ***Tawâghît*** également, quiconque ne juge pas d'après ce qu'Allah a révélé, comme nous dit Allah dans le Qur'ân :

﴿ وَمَن لَّمْ يَحْكُم بِمَآ أَنزَلَ ٱللَّهُ فَأُوْلَـٰٓئِكَ هُمُ ٱلْكَـٰفِرُونَ ﴾

« Et ceux qui ne jugent pas selon ce qu'Allah a révélé, les voilà les mécréants ». *[Al-Mâïdah ; 44]*

Allah dit également dans un verset similaire :

﴿ وَمَن لَّمْ يَحْكُم بِمَآ أَنزَلَ ٱللَّهُ فَأُوْلَـٰٓئِكَ هُمُ ٱلظَّـٰلِمُونَ ﴾

« Et ceux qui ne jugent pas selon ce qu'Allah a révélé, les voilà les injustes ». *[Al-Mâïdah ; 45]*

Il y a un troisième verset similaire qui dit :

﴿ وَمَن لَّمْ يَحْكُم بِمَآ أَنزَلَ ٱللَّهُ فَأُوْلَـٰٓئِكَ هُمُ ٱلْفَـٰسِقُونَ ﴾

« Et ceux qui ne jugent pas selon ce qu'Allah a révélé, les voilà les pervers ». *[Al-Mâïdah ; 47]*

Ainsi, il y a trois versets similaires et seule la fin (de ceux-ci) change :

« Et ceux qui ne jugent pas d'après ce qu'Allah a révélé, les voilà <u>les mécréants</u> ».

« Et ceux qui ne jugent pas d'après ce qu'Allah a révélé, les voilà <u>les injustes</u> ».

« Et ceux qui ne jugent pas d'après ce qu'Allah a révélé, les voilà <u>les pervers</u> ».

Le statut (et c'est très important) de celui qui juge par autre que ce qu'Allah a révélé, va dépendre de la situation :

- **Premier cas**

Une personne reconnaît le jugement d'Allah ; elle sait que c'est la vérité et qu'il est obligatoire de s'y référer, cette personne a les qualités requises pour faire les interprétations. Cette personne a de la science, elle a les qualifications requises pour faire des efforts d'interprétation, et ainsi, elle va faire un effort d'interprétation, et se tromper. Et bien une telle personne, non seulement elle n'est pas mécréante, ni un ***Tâghût,*** mais au contraire, elle sera récompensée pour cet effort d'interprétation, Inshâ'Allah. Non seulement cette personne n'est pas mécréante, cette personne n'est pas un ***Tâghût***, mais en plus de cela, elle sera récompensée, car le Prophète Muhammad a dit :

« Quand le juge fait un effort d'interprétation et qu'il atteint la vérité, alors il a deux récompenses, et s'il se trompe, alors il a une récompense ».

Ainsi une telle personne sera récompensée pour son acte, à condition bien évidemment que cette personne en question soit une personne de science, une personne qui a les aptitudes, les capacités, à émettre des efforts d'interprétation.

- **Deuxième cas**

Un ignorant qui va juger en toute ignorance, tout en pensant qu'il s'agit du jugement d'Allah. Cette personne ne s'est même pas donné la peine de faire une recherche, parmi les avis des savants ; il n'a même pas pris la peine de consulter les différents avis des savants sur le sujet donné, et il se permet d'émettre un jugement rempli d'ignorance. Une telle personne, nous dit le cheikh, mérite un péché, quand bien même elle aurait atteint la vérité par son effort d'interprétation reposant sur l'ignorance.

Une telle personne qui va faire un effort d'interprétation en toute ignorance, quand bien même elle atteindrait la vérité, quand bien même elle tomberait juste une telle personne mérite un péché. Mais on ne dit pas d'une telle personne qu'elle est mécréante, elle mérite un péché, certes, mais une telle personne n'est pas mécréante.

◆ Troisième cas

Une personne reconnaît le jugement d'Allah, comme étant la vérité. Elle y croit et a la conviction que le jugement d'Allah est celui auquel on doit recourir obligatoirement, à l'exception de tout autre. Elle sait que le jugement d'Allah prévaut et est meilleur que les lois forgées par les humains.

Cependant, sa passion l'emporte sur elle, cependant, elle va décider de suivre ses désirs et ses mauvais penchants, ou alors son milieu, son environnement dans lequel elle évolue va l'inciter fortement. Et, elle va émettre un jugement non conforme à Allah ; elle va juger par autre que ce qu'Allah a révélé.

Une telle personne nous disons d'elle qu'elle est perverse, injuste, mais on ne dit pas qu'elle est mécréante. Cette personne est perverse, injuste, c'est une personne désobéissante, c'est une personne qui a commis un grave péché, c'est une personne qui est coupable d'une faute énorme. Mais nous ne disons pas qu'elle est mécréante.

Il est important de faire attention et de ne pas mélanger les jugements, et de prononcer des paroles irréfléchies.

◆ Quatrième cas

Celui qui va appliquer des lois humaines, ces lois forgées, tout en ayant la conviction forte que les lois d'Allah sont la vérité, tout en ayant la conviction que c'est le jugement d'Allah qui est vérité. Alors une telle personne est musulmane, mais coupable d'un péché.

Observez bien ! Soyez attentifs ! Car certaines personnes s'empressent : elles rendent les gens mécréants à la légère, de manière irréfléchie ! Elles émettent des jugements sur les gens sans prendre le temps de regarder et d'étudier attentivement la situation.

Aussi il nous est demandé de faire preuve de vigilance quant à ce sujet.

Ainsi, nous disons, si une personne juge par autre que ce qu'Allah a révélé tout en ayant l'intime conviction qu'en réalité c'est le jugement d'Allah qui est vérité, tout en ayant la conviction forte que c'est le jugement d'Allah auquel on doit recourir obligatoirement, mais ***Shaytân*** va l'inciter à faire ceci ou cela, ou alors ses mauvais penchants vont l'inciter à faire cela, ou alors elle va décider de suivre ses passions. Alors nous disons d'une telle personne qu'elle a désobéi à Allah. Nous disons d'une telle personne qu'elle est perverse, qu'elle est coupable d'un péché, mais nous ne sortons pas cette personne du cercle de l'Islâm et de la foi.

◆ Cinquième cas

Le cinquième cas concerne une personne qui va dire : « Certes, le jugement d'Allah on ne peut plus l'appliquer à notre époque, il ne convient plus », et cette personne change les lois d'Allah (des pieds à la tête), en ayant la conviction que les lois humaines, occidentales, sont meilleures que la législation islamique, en ayant la conviction que les lois anglaises, ou françaises qui sont en vigueur dans beaucoup de pays musulmans, sont la vérité ! Et que ces lois non divines correspondent aux problèmes de notre époque ! Et que le Qur'âne et la Sunnah prophétique sont dépassés, et qu'ils ne correspondent plus du tout à notre époque… Une telle personne est mécréante, criminelle, athée, apostat de l'Islâm, jusqu'à ce qu'elle revienne sur ses positions et qu'elle se repente.

Et, à titre de remarque importante, nous dit le cheikh, vous pourrez retrouver ce développement dans le livre : تيسير العزيز الحميد (*tayssîr al 'azîz al hamîd*), dans le chapitre : فضل التوحيد وما يكفر من الذنوب (*fadhl at-tawhîd wa mâ yukafir min adh-dhunûb*), et Ibn 'Abbâs, le savant, l'expert, le *muffassir* (l'exégète), l'expert dans l'explication du Qur'âne, qui a expliqué les trois versets qu'on a vus précédemment :

« Et ceux qui ne jugent pas selon ce qu'Allah a révélé, les voilà les mécréants » ;

« Et ceux qui ne jugent pas selon ce qu'Allah a révélé, les voilà les injustes » ;

« Et ceux qui ne jugent pas selon ce qu'Allah a révélé, les voilà les pervers ».

[Traduction rapprochée du sens]

Concernant ces trois versets, Ibn 'Abbâs, dit : « Ceux-là sont les mécréants, ceux-là sont les injustes, ceux-là sont les pervers : il s'agit d'une mécréance mineure, d'une injustice mineure, et d'une perversité mineure. »

Bien évidemment, le fait de ne pas juger avec les lois d'Allah est un péché énorme, une grande désobéissance à Allah. Mais cet acte, comme nous l'avons vu, n'entraîne pas forcément la grande mécréance.

Ainsi, il est nécessaire d'être vigilant vis-à-vis de tout cela afin de ne pas mélanger et d'émettre des jugements hâtifs sur les gens, comme le font les ***takfîrîs*** ; ceux qui s'empressent dans leurs jugements et leurs déductions. Car statuer sur le cas d'un musulman et le rendre mécréant n'est vraiment pas une chose facile qu'on prend à la légère. D'autant plus venant de la part d'une personne qui a une compréhension étroite et limitée, ou venant d'une personne affiliée à tel ou tel groupe ou parti, ou cheminant sur une voie contraire à celle du messager d'Allah ﷺ, une voie que les gens se sont inventée de toutes pièces, une compréhension qu'ils se sont forgée de toutes pièces, d'après leurs passions, d'après leurs lubies ; ils rendent certaines choses licites (*halâl*) et d'autres illicites (*harâm*), ils vont établir et émettre des jugements sur les gens qui commettent des péchés, en se basant sur leurs passions et leurs fausses présomptions. On les voit s'empresser d'émettre des jugements qui peuvent aller jusqu'à l'accusation de mécréance et d'apostasie, et tout ceci est dû au fait que leurs passions et leurs mauvais penchants les ont dominés والعياذ بالله (Qu'Allah nous en préserve), comme nous en a informé le Prophète Muhammad ﷺ au sujet des ***khawârij*** qui tuent les musulmans et ne s'en prennent nullement aux associateurs. Concernant ce sujet, il nous incombe de faire preuve de quiétude et de ne pas nous empresser.

On se doit donc d'interpréter les situations en se basant sur les paroles des pieux prédécesseurs concernant ce sujet.

Un tel jugement ne peut être prononcé qu'après que la preuve de la mécréance d'une personne soit apparue d'une clarté aussi claire que le soleil en pleine journée. Et avant cela, il ne convient pas de taxer un musulman de mécréant. Il faut étudier la situation avant d'émettre un ***takfîr,*** avant d'émettre un jugement d'une telle importance, il faut étudier la situation.

De plus le ***takfîr***, le fait de rendre une personne mécréante, a des conditions et il faut vérifier si la personne n'a pas des excuses qui empêchent qu'on jette le ***takfîr*** sur elle. C'est seulement une fois que les conditions ont été remplies et qu'on a vérifié que cette personne n'a aucune excuse qui empêche le ***takfîr***, qu'on peut statuer de sa mécréance. Avant cela, il n'est pas permis de porter un tel jugement sur une personne. Il est interdit de porter un tel jugement de manière irréfléchie, à la légère, car il se peut qu'une personne se trompe complètement sur son jugement, et qu'elle se trompe complètement sur l'état de la personne.

Aussi, il est nécessaire que les étudiants en science vérifient et analysent, point par point, et qu'ils réfléchissent, afin de ne pas émettre des jugements hâtifs.

Et si on voit une personne commettre un acte ou s'il apparaît des choses d'une personne, il nous incombe de ne pas nous empresser.

Les ***khawârij,*** le prophète Muhammad ﷺ les a décrits en disant : ***« qu'ils lisent le Qur'âne mais qu'il ne dépasse pas leurs gorges »***, c'est-à-dire qu'ils ne comprennent pas ce qu'ils lisent. Il les a décrits en disant : ***« qu'ils sortent de la religion comme la flèche sort de l'arc »***, et il nous a informés également que ***« s'ils étaient apparus de son vivant, il les aurait combattus durement »***, et il a ordonné qu'on les combatte.

Et ces gens, ***al-khawârij*** (cette secte) sont apparus à l'époque de 'Alî. Ils ont exagéré au sujet du jugement par le Qur'âne, au point d'accuser le cousin et beau-fils du prophète Muhammad ﷺ de ne point prendre le Qur'âne comme juge. Tellement ils sont allés loin dans leurs exagérations, ils ont accusé 'Alî, le cousin du prophète Muhammad ﷺ, son beau-fils, car il était marié, comme vous le savez, avec sa fille Fâtimah.

Ces gens, les ***khawârij***, ne cessaient de répéter : *« le jugement n'appartient qu'à Allah, le jugement n'appartient qu'à Allah »* ! Alors qu'eux-mêmes ne se satisfaisaient pas du jugement d'Allah, et qu'ils suivaient des règlements dictés par leurs passions et leurs lubies. Et pourtant, quand ils parlaient, ils ne s'exprimaient qu'en citant le Qur'âne, mais sans le comprendre. Qu'Allah nous préserve de cet égarement !

Comme a dit le prophète Muhammad ﷺ, ils n'acceptent que ce que leur dictent leurs passions. Ils sont obnubilés par le ***takfîr*** ces gens ! Ils ne voient que par le ***takfîr***. Telle est leur réalité ! Les ***khawârij*** actuels ne lisent pas les livres des savants, ils ne les lisent pas ! Leurs ancêtres avaient même tué un des compagnons du prophète d'Allah ﷺ en lui infligeant un châtiment atroce ! Et peu de temps après leur acte, ils s'étaient interrogés sur le fait de tuer un moustique : est-ce *halâl* ? Ou *harâm* ?! Ils tuent un compagnon du messager d'Allah de manière atroce, et après on les voit s'interroger sur le fait de tuer un moustique (est-ce que c'est licite ? Est-ce que c'est illicite ?) !!

C'est un véritable paradoxe ! C'est stupéfiant ! Ces gens ont rendu licite le fait de faire couler le sang de 'Âlî رضي الله عنه, le sang de Mu'âwiyah رضي الله عنه, et également celui de 'Amr Ibn Al 'Ass ! Ils tuent les musulmans, et après tu les vois s'interroger sur le fait de tuer un moustique, si c'est autorisé ou non !!! والعياذ بالله

Telle est la fin, telle est la conséquence de suivre ses passions ! Voilà le résultat du manque de compréhension dans la religion, du manque d'apprentissage ! Telles sont les conséquences désastreuses de ceux qui ne lisent pas les livres des ***salaf***, des pieux prédécesseurs, et qui ne les prennent pas pour base dans leur religion, car ces ouvrages sont remplis de bien, un bien énorme pour toute personne à qui Allah a accordé la réussite, et quiconque prête l'oreille en étant attentif…

سُبْحَانَكَ اللَّهُمَّ وَبِحَمْدِكَ أَسْتَغْفِرُكَ وَأَتُوبُ إِلَيْكَ

وَصَلَّى اللهُ عَلَى نَبِيِّنَا مُحَمَّدٍ وَعَلَى آلِهِ وَأَصْحَابِهِ أَجْمَعِينَ وَالْحَمْدُ للهِ رَبِّ الْعَالَمِينَ

Déjà paru chez Al Bayyinah

- Explication des 4 règles de l'imam Ibn Abdelwahab par cheikh Rajihi
- L'unicité, la signification des deux témoignages et le jugement concernant le suivi du prophète ﷺ de cheikh Muhammad Ibn Salih Al Uthaymin
- Le livre du Talib Al 'Ilm, volume 1 (les 4 règles et les 3 fondements arabe/francais)
- Le livre du Talib Al 'Ilm, volume 2 (les actes annulant l'islam et les 40 hadiths de Nawawi)
- Explication des 3 fondements de l'imam Ibn Abdelwahab par cheikh Souheymi

À paraître

- Le véritable sens de l'attestation que Mohammed est le messager d'Allah par cheikh Abdulaziz Al Cheikh
- Le livre du Talib Al 'Ilm, volume 3 (les conditions de la prière, ses piliers et ses obligations)
- Le livre du Talib Al 'Ilm, volume 4 (Al-Aquidah Al-Wasitiyyah)
- Le livre du Talib Al 'Ilm, volume 5 (Umdatul-Ahkam)

Achevé d'imprimer sur les presses de ***Grafo***, Espagne
Production editorial: atelieredition@yahoo.es
Dépôt légal: janvier 2012

بسم الله الرحمن الرحيم